dtv
Reihe Hanser

David Grossmans persönlicher Geschichtenschatz zur guten Nacht

Nicht in den Kindergarten gehen und einfach im Bett liegen bleiben – das wünscht sich Ruthi eines Morgens. Papa erlaubt der Kleinen mit ihrem Teddy zu Hause zu bleiben. Aber ist es wirklich so toll alles zu verschlafen? Verpasst man dann nicht den ganzen Spaß mit den Freunden im Kindergarten? Vielleicht ist es ja ein großes Glück aufzustehen, um mit Miki und Joav zu spielen ... Von Ruthi, Jonathan und Joram, von Tintenbären, Schokoladenbrüdern und Häusern mit Guavenduft erzählt David Grossman in seinen Geschichten – einst verfasst für seine eigenen Kinder und Enkel.

David Grossman, geboren 1954 in Jerusalem, studierte Philosophie und Theater in Jerusalem. Er gehört zu den bedeutendsten Erzählern der israelischen Gegenwartsliteratur. Seine Romane, Sach- und Kinderbücher wurden mit zahlreichen Preisen ausgezeichnet, u. a. mit dem Friedenspreis des deutschen Buchhandels, und in viele Sprachen übersetzt.

David Grossman

Giraffe und dann ab ins Bett!

Gutenachtgeschichten

Mit Bildern von Henrike Wilson

Aus dem Hebräischen von
Anne Birkenhauer und Mirjam Pressler

Ausführliche Informationen über
unsere Autorinnen und Autoren und ihre Bücher
finden Sie unter www.dtv.de

Für Christiane Almenröder
von Henrike

Die Joram-Geschichten in diesem Buch wurden von
Mirjam Pressler übersetzt, alle anderen
Geschichten von Anne Birkenhauer.

2020 dtv Verlagsgesellschaft mbH & Co. KG, München
© Text: David Grossman
Alle Rechte der deutschsprachigen Ausgabe:
Lizenzausgabe mit freundlicher Genehmigung der
Carl Hanser Verlag GmbH & Co. KG, München
© 2018 Carl Hanser Verlag GmbH & Co. KG, München
Umschlag: Stefanie Schelleis, München,
unter Verwendung einer Illustration von Henrike Wilson
Satz und Litho: Fotosatz Amann, Memmingen
(Satz nach einer Vorlage des Carl Hanser Verlag)
Druck und Bindung: Livonia Print, Riga
Printed in Latvia • ISBN 978-3-423-62737-5

Inhalt

Ruthi schläft immer weiter 7
Rachelis geheime Freundin 13
Giraffe und dann ab ins Bett 20
Keine Sorge, Ruthi 25
Jonathan, ein echter Detektiv 33
Wer will einen Huckepack? 41
Uris besondere Sprache 47
Joram wünscht sich was 54
Joram geht spazieren 60
Joram schreibt einen Brief 67
Joram trifft einen kleinen Jemand 76
Joram, der Traumjäger 83
Joram und der schwarze Zauberhut 92
Lillis Puppe 105

Ruthi schläft immer weiter

Eines Morgens wollte Ruthi nicht in den Kindergarten gehen. Sie wollte gemütlich im Bett bleiben und sich verwöhnen lassen. »Ich bin so schwach«, jammerte sie mit armseliger Stimme. »Ich will liegen bleiben. Nur heute ...«
Papa, der neben ihr auf der Bettkante saß, schwieg einen Augenblick und sagte dann: »Das ist in Ordnung, Ruthi, du kannst bis heut Abend weiterschlafen.«

Ruthi staunte, dass Papa so schnell nachgab. Sie machte ein Auge auf und fragte: »Vielleicht auch bis morgen?«
»Sogar bis zu den großen Ferien«, sagte Papa und kraulte sie im Nacken, »sogar bis du zehn und ein Viertel alt sein wirst.«
Ruthi grinste in ihre Decke hinein und fragte: »Alle Kinder gehen in den Kindergarten, und ich schlafe einfach weiter?«

»Warum nicht?«, sagte Papa. »Du wirst immer weiter schlafen, und sie werden im Kindergarten spielen und malen, und Irit, die Erzieherin, wird ihnen Geschichten erzählen, und danach werden sie nach Hause gehen und am nächsten Morgen wieder in den Kindergarten kommen, und du wirst immer weiter schlafen ...«
»Unter meiner Decke ...«, sagte Ruthi und kuschelte sich noch mehr ein.

»Und das jeden Tag«, fuhr Papa fort, »so wird ein Jahr vergehen, und du wirst hier schlafen, und sie werden wachsen, groß werden und in die Schule gehen und Lesen und Schreiben lernen ... und sie werden Hausaufgaben bekommen, Ausflüge machen und Feste feiern ...«

»Und ich werde immer weiter schlafen.«

»Gut zugedeckt unter deiner Decke ...«

»Und mit Teddy«, erinnerte ihn Ruthi.

»Sie werden heranwachsen und die Schule abschließen. Danach werden einige von ihnen Reisen machen und die Welt erkunden«, sagte Papa, »und einige werden auch sofort arbeiten gehen.«

»Miki wird bestimmt Filmschauspielerin«, sagte Ruthi, »Eres will Lokomotivführer werden, und Rotem will in einer Band spielen.«

»Und du wirst immer weiter schlafen ...«

»Ja, ich bleibe die ganze Zeit im Bett«, sagte Ruthi und spreizte genüsslich die Zehen.

»Und dann werden sie vielleicht heiraten«, sagte Papa.

»Miki wird Joav heiraten«, flüsterte Ruthi, »sie ist so in ihn verliebt.«

»Und du?«, wollte Papa wissen.

»Ich werde immer weiter schlafen und Millionen Träume träumen.«

»Du wirst noch nicht einmal zu Mikis Hochzeit gehen wollen?«

»Vielleicht werde ich davon träumen, dass ich zu Mikis Hochzeit gehe«, sagte Ruthi und umarmte Teddy fest.

»Und dann?«, fragte Papa.

»Dann werden sie Kinder haben«, erklärte Ruthi. »Miki möchte zehn Kinder.«

»Und du?«

»Ich werde immer weiter schlafen.«

»Aber dann werden deine Freunde dich vielleicht suchen.«

»Ja, vielleicht vermissen sie mich dann und fragen: ›Wo ist Ruthi?‹«

»Genau«, sagte Papa, »sie werden alle kommen, bei uns klingeln und fragen: ›Wo ist eigentlich die kleine Ruthi, die mit uns im Kindergarten war?‹ Da werden Mama und ich ihnen sagen, dass wir uns ein bisschen Sorgen machen, weil du immer noch nicht aufstehen willst, und sie werden an deinem Bett stehen und riesig groß sein. Joav wird einen Bart haben und auch schon fast eine Glatze ...«

Ruthi lachte sich kaputt: »Und Miki mit schickem Damenkleid und Schuhen mit Absätzen, und mit Busen ...«
»Und sie werden dir erzählen, dass jetzt ihre Kinder in den Kindergarten von Irit gehen.«
»Wirklich?«, fragte Ruthi.
»Kann schon sein«, sagte Papa.
Ruthi überlegte einen Augenblick und fragte: »Und auch ihre Kinder werden groß werden und zur Arbeit gehen und heiraten?«
»Ja«, sagte Papa.
Ruthi kam unter ihrer Decke hervor und setzte sich auf: »Wirklich? Nur ich werde die ganze Zeit ein Kindergartenkind bleiben?«
Papa nickte.

Ruthi zog mit dem Finger Kreise auf Teddys Bauch und sagte nach einer Weile: »Dann ist es vielleicht doch besser, ich stehe jetzt auf.«

»Das denke ich auch«, sagte Papa und ging ihr einen Kakao machen.

Ruthi stand auf und zog sich an. Sie hörte, wie Papa Mama in der Küche etwas erzählte. Sie legte Teddy auf ihr Kopfkissen, zog ihm die Decke bis unters Kinn, versprach ihm, dass sie am Mittag zurückkommen würde und dass er bis dahin weiterschlafen dürfte.

Sie dachte sich, irgendwann sind auch Mama und Papa Kinder gewesen, und vielleicht wollten auch sie eines Morgens nicht in den Kindergarten gehen und für immer im Bett bleiben.

Und plötzlich spürte sie, wie sehr sie das aufwühlte, und sie lief in die Küche und umarmte beide ganz fest. »Ein Glück«, sagte sie, »ein Glück, dass ihr, als ihr klein wart, nicht liegen geblieben seid, sondern aufgestanden und in den Kindergarten gegangen seid!«

Rachelis geheime Freundin

Racheli hatte eine Freundin. Die hieß Hadass. Niemand auf der Welt konnte sie sehen. Nur Racheli. Niemand auf der Welt konnte sie hören. Nur Racheli.

Jeden Abend aß Racheli mit ihren Eltern in der Küche. Als Nachtisch gab es Kompott, und Racheli sagte: »Ihr habt vergessen, auch für Hadass ein Schüsselchen hinzustellen. Hadass mag Pflaumenkompott!«

Mama stellte ein Schüsselchen und einen Teelöffel für Hadass hin und gab ihr etwas Kompott hinein. Dann probierte Racheli aus dem Schüsselchen von Hadass, wie Freundinnen das so tun, und gab Hadass auch aus ihrem Schüsselchen etwas ab, bis sie beide satt waren.

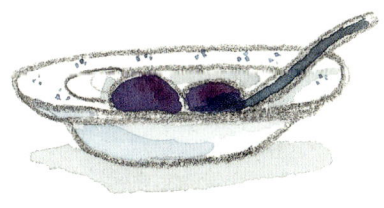

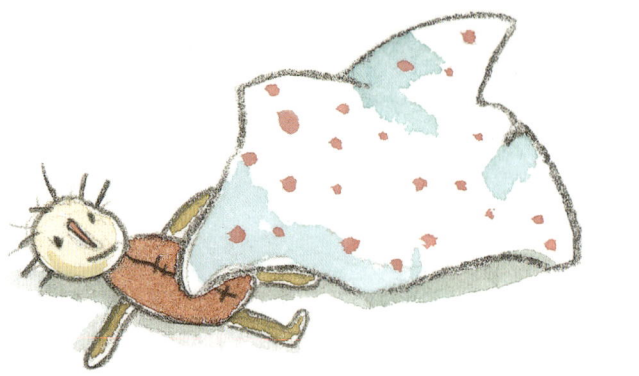

Wenn Mama und Papa und Racheli ans Meer fuhren, nahmen sie zwei Schwimmringe mit, einen für Racheli und einen für Hadass. Racheli cremte Hadass sogar mit Sonnencreme ein. »Jetzt noch deine süße Nase«, sagte sie, »und nun dreh dich um, und ich mach deinen Rücken.« – »Hadass hat nämlich sehr empfindliche Haut«, erklärte Racheli ihren Eltern.

Die vier planschten im Meer und schwammen, spritzten sich nass und lachten, bis Hadass müde wurde, dann gingen sie aus dem Wasser und trockneten sich ab. Papa trocknete Mama ab, Mama trocknete Racheli ab, und Racheli trocknete Hadass ab.

Abends, wenn Papa in Rachelis Zimmer kam, um ihr einen Gutenachtkuss zu geben, verriet sie ihm, dass Hadass sich sehr vor dem Dunkel fürchtete. Deshalb hatte Racheli ihr eine Zauberpuppe aus Guatemala unters Kopfkissen gelegt, und jetzt fürchtete Hadass sich nicht mehr.

Papa schaute unter das Kopfkissen von Hadass,
und tatsächlich lag da eine Zauberpuppe.
»Du bist eine tolle Freundin«, sagte Papa.
»Ich bin ihre beste Freundin«, sagte Racheli.
Einmal lag Racheli abends in ihrem Bett und machte
sich Gedanken.
Normalerweise drehten sich, wenn Racheli schlafen
ging, die Gedanken in ihrem Kopf im Kreis. Am Anfang drehten
sie sich ganz schnell, dann langsamer und später
noch langsamer, bis sie davon einschlief.

Doch an diesem Abend drehten sich ihre Gedanken immer
schneller. Es waren ganz unterschiedliche Gedanken: warme,
weiche Gedanken, die wie kleine Hunde herumhüpften,
und kalte, harte Gedanken, schwer wie Steine, und Gedanken,
die funkelten wie Feuerwerk.

Plötzlich setzte sich Racheli in ihrem Bett auf und rief nach
Mama und Papa. Sie sagte: »Ich muss Hadass Gute Nacht sagen.
Bei sich zu Hause.«

»Ach, schläft sie heute Nacht nicht bei dir?«

»Nein, ab heute schläft sie bei sich zu Hause. Aber sie kann nicht
einschlafen, und sie möchte, dass ich ihr Gute Nacht sage.«

»Wohnt sie weit weg?«, fragte Papa und gähnte.

»Nein, sie wohnt hier in der Nähe«, sagte Racheli.

Papa schaute zu Mama, und Mama schaute zu Papa.

Beide waren sehr müde.

»Nur, wenn du noch Kraft dazu hast«, sagte Mama zu Papa.

Papa schlüpfte in seine Schuhe und legte Racheli eine Strickjacke
von sich um. Er zog ihr ihre blauen Hausschuhe an, und sie
traten hinaus in die Nacht.

Draußen war es dunkel. Papa und Racheli gingen Hand in Hand.

»Wohnt Hadass hier?«, fragte Papa und zeigte auf das Haus,
das am nächsten neben ihrem Haus stand.

»Nein«, sagte Racheli, »hier wohnt Hadass nicht.«

Sie gingen weiter. Im Himmel leuchtete zwischen lang gezogenen Wolken der Mond, und sie schauten ihn an.
»Vielleicht wohnt Hadass in diesem Haus?«, fragte Papa und gähnte wieder.
(Und weil er dabei gähnte, klang das so: illeicht ohnt adass in iem aus?)
»Nein«, sagte Racheli, »früher hat sie hier gewohnt, aber da gab es einen Hund, der sie immer angebellt hat, und da ist sie umgezogen.«
»Ist dir nicht kalt?«, fragte Papa.
»Nein«, sagte Racheli, »mir ist schön warm.«
Dann kamen ihnen ein Mann und eine Frau entgegen, die kannten Papa von der Arbeit. Sie fragten ihn, wohin er mit Racheli um diese Uhrzeit gehe, und Papa erklärte, dass sie Hadass Gute Nacht sagen gingen. Die Frau fragte: »Zu welcher Hadass? Hadass Simchajof? Zu der, die bei der Post arbeitet?«
Racheli sagte: »Nein, zu Hadass, meiner Freundin.«
»Wir gehen zu Rachelis Freundin Hadass«, sagte Papa.
»Die kenn ich nicht«, sagte die Frau.
»Die kenn nur ich«, sagte Racheli.
Racheli und Papa gingen weiter.
Die Straße war still, nur selten kam ein Auto vorbei, oder ein Mensch oder eine Katze.
Jedes Mal, wenn Racheli und Papa an einem Haus vorbeikamen, fragte Papa: »Wohnt Hadass hier?«, und Racheli schaute sich das Haus an und sagte: »Nein.«
Oder sie sagte: »In diesem Haus hat Hadass mal gewohnt,

aber da hat es nach Guaven gerochen, und das hat sie nicht gemocht. Da ist sie woanders hingezogen.«
Und so gingen sie immer weiter.
Plötzlich blieb Racheli stehen und zeigte auf ein Haus und sagte: »Hier wohnt Hadass.«
Papa schaute sich das Haus an, es war weder besonders hoch noch besonders niedrig, es hatte Fenster und einen kleinen Garten.

»Bist du dir sicher?«, fragte Papa.

»Ja«, sagte Racheli, »hier wohnt sie.«

»Willst du hineingehn?«, fragte er.

Racheli überlegte einen Augenblick. »Nein«, sagte sie, »das ist nicht mehr nötig. Hadass ist schon eingeschlafen, und ich will sie nicht stören.«

»Was machen wir jetzt?«, fragte Papa.

»Wir sagen ihr aus der Ferne Gute Nacht.«

Racheli schloss die Augen und sagte im Stillen: ›Gute Nacht, Hadass.‹

»Du auch«, sagte sie zu Papa, und Papa sagte: »Gute Nacht, Hadass, und schlaf recht schön.«

»Jetzt gehen wir nach Hause«, sagte Racheli, »trägst du mich?«

Papa nahm sie auf den Arm, und sie gingen zurück. Sowie Papa losging, schlief Racheli schon.

Giraffe und dann ab ins Bett

Abends nach dem Bad kommt Ruthis Papa aus dem Badezimmer. Auf dem Arm trägt er ein riesiges blaues Handtuch, und das Handtuch reckt sich und streckt sich, und Papa überlegt mit lauter Stimme: »Da haben mir meine Freunde aus Japan tatsächlich noch mal eine Giraffe geschickt! Jeden Tag schicken sie mir eine neue Giraffe. Was soll ich bloß mit den ganzen Giraffen?«

Und die Giraffe in dem Handtuch macht Geräusche und kichert, als würde sie gekitzelt.

»Sonderbar«, sagt Papa und legt das Bündel in dem Handtuch auf Ruthis Bett.

»Äußerst sonderbar: Diese Giraffe hat eine seltsame Stimme. Ich sollte herausfinden, ob es wirklich eine Giraffe ist ... erst mal schau ich nach, ob sie Giraffenfüße hat.«

Und siehe da, die Giraffe scheint seine Sprache zu verstehen, denn sie streckt ihre Füße aus dem weichen Handtuch heraus, und Papa sieht sie sich ganz genau an und zählt fünf Zehen und noch einmal fünf und sagt: »Ja, die sind genau wie die Füße der japanischen Giraffe. Aber manchmal hatten sie schon Fehler. Einmal haben sie mir eine geschickt, die hatte zwar Giraffenfüße, aber ihre Knie, die waren von einem Zebra!«
Und das Handtuch reckt sich und streckt sich, es ringelt sich und kringelt sich, bis schließlich zwei kleine Knie hervorschauen.
»Ein Glück«, ruft Papa erleichtert, »keine Streifen! Die sehen genauso aus wie die Knie der japanischen Giraffe, mit so einem kleinen Leberfleck an der Seite. Aber warte! Oje! Vielleicht haben sie mir heute dieses erstaunliche Tier geschickt, von dem mir mein Großvater früher mal erzählt hat: Es hatte die Füße einer Giraffe und auch die Knie einer Giraffe, aber es hatte riesige Elefantenohren!«

Das blaue Handtuch reckt sich und streckt sich, es rupft und hupft und fällt fast vom Bett, bis plötzlich ein hübsches kleines Ohr hervorschaut (und sogar ein Stückchen Wange).

»Ausgezeichnet«, ruft Papa und untersucht das Ohr ganz genau. Er klappt es um, zieht es wieder gerade, und er bläst auch vorsichtig hinein, denn es ist bekannt, dass Elefanten mit dem Ohr wackeln, wenn man hineinbläst, und Giraffen eben nicht.

»Ich bin mir fast sicher, dass es eine Giraffe ist«, sagt er, »jetzt müssen wir nur noch prüfen, dass es nicht dieses wundersame Wesen ist, von dem ich einmal in einem dicken Buch gelesen habe: Bei dem waren alle Teile von einer Giraffe, nur der Bauchnabel, der war von einer Hexe.«

Das Handtuch stößt einen kleinen Schrei aus, es ruckelt und buckelt, es zuckelt und schuckelt, bis zwischen seinen Falten schließlich so ein rundes Knubbelchen erscheint, klein wie

ein Knopf, und Papa kitzelt es, um es zu untersuchen, denn jeder weiß, wenn man Hexen am Bauchnabel kitzelt, müssen sie unverzüglich sieben Mal niesen.

Doch das Handtuch tanzt über das ganze Bett und biegt sich vor Lachen, und jedem ist klar, dass da keine Hexe drin ist.

»Ja, ja«, sagt Papa lächelnd, »das ist wohl wirklich eine japanische Giraffe. Alle Teile stimmen. Aber um zu wissen, ob sie echt ist, muss ich natürlich noch ihren Mund sehen.«
Und das Handtuch rumpelt und pumpelt und munkelt, und schlussendlich schaut ein runder Mund aus ihm heraus, und darin zwei Reihen kleiner Zähne, weiß und spitz (und man sieht auch ein Stück vom Kinn).
»Aber warte, warte«, ruft Papa erschrocken, »diesen Mund, den kenn ich doch! Vielleicht ist das gar keine Giraffe ... wie soll ich das bloß rausfinden ...?«
»Guck dir ihre Augen an!«, ruft die Giraffe aus dem Handtuch, und Papa sagt sich: »Na, da hab ich keine Wahl, dann muss ich mir jetzt auch noch ihre Augen anschauen!«
Und nun öffnet sich das Handtuch oben ganz langsam, und heraus blinzeln lachend zwei funkelnd grüne Augen, und Papa zuckt zusammen und ruft:

»Was denn? Diese Augen kenn ich doch! Die erinnern mich an ein kleines Mädchen ...«
»Das bin ich! Ruthi!«, jubelt Ruthi, wirft das Handtuch von sich, und Papa greift sich mit beiden Händen an den Kopf und staunt: »Wie hast du es nur geschafft, mich so an der Nase rumzuführen! Wie schaffst du das jeden Abend neu?«
Er zieht Ruthi schnell an, damit sie sich nicht erkältet (denn bekanntlich sind Halsschmerzen bei Giraffen besonders langwierig).

Nachdem Papa aus dem Zimmer gegangen ist und ein kleines Licht angelassen hat, liegt Ruthi mit offenen Augen still im Bett, umarmt Teddy und denkt sich:
Was macht jetzt wohl der Hamster im Kindergarten –
und wie soll ich mich an Karneval verkleiden –
und wann kommt endlich mein Geburtstag –
und wohin fliegen die Luftballons, die nicht zerplatzen –
und wie bringt Papa jeden Abend seine japanische Giraffe ins Bett ...

Keine Sorge, Ruthi

Was für ein Durcheinander ist das heute im Kindergarten, und was für ein Krach: Die großen Jungen reiten auf Besenstielen wie auf Pferden, ein paar Mädchen hüpfen auf einem Bein um die Wette, und andere spielen Räuber und Gendarm. Alle rennen, hüpfen oder galoppieren durch die Gegend.

Doch in einer Ecke sitzen zwei Mädchen, Ruthi und ihre beste Freundin Miki. Sie sitzen dicht beieinander und sorgen sich sehr. Denn am Morgen, als Ruthis Papa sie in den Kindergarten brachte, hatte er ihre Brotdose vergessen. Die war mit dem Brötchen und der Apfelsine zu Hause geblieben. Alle Kinder hatten um Ruthi herumgestanden und gehört, wie Papa ihr versprach, er werde noch vor der Zehn-Uhr Pause wiederkommen und ihr Pausenbrot bringen. Aber jetzt ist es bald zehn, und Papa ist noch immer nicht da.

»Wenn dein Papa nicht kommt«, sagt Miki, »geb ich dir von mir etwas ab. Ich hab ein Brot mit Käse und eine Tomate dabei.«

»Er hat aber doch gesagt, dass er es noch bringt«, sagt Ruthi ganz traurig und leise.

»Aber vielleicht ... vielleicht ...«, sagt Miki und weiß nicht, wie sie weitermachen soll.

»Vielleicht sind ihm unterwegs Räuber begegnet«, sagt Ronen, der gerade an ihnen vorbeigaloppiert und etwas aufgeschnappt hat, »vielleicht sogar Seeräuber! Und die haben ihn nicht durchgelassen und ihm auch noch die Brotdose weggenommen!«

»Seeräuber gibt es nicht«, sagt Ruthi verärgert.

»Gibt es doch«, sagt Ronen. »Und vor denen haben sogar die Erwachsenen Angst.«

»Wenn es Räuber gibt«, sagt Ruthi, »dann wird er ihnen sagen, sie sollen mal kurz hinter sich schauen, und wenn sie das tun, wird er schnell weglaufen. Und außerdem hat er es mir versprochen!«

Da kommt Rotem mit wehenden Zöpfen: »Aber vielleicht war da ein Schäferhund, der ihm Angst gemacht hat, und deshalb kommt er nicht?«

Ruthi erschrickt, doch plötzlich erinnert sie sich: »Mein Papa kennt da einen besonderen Pfiff. Wenn Hunde den hören, dann beißen sie nicht.«

»So was gibt es nicht«, sagt Rotem.

»Gibt es doch«, sagt Ruthi, ist sich aber nicht so ganz sicher, ob auch Papa sich daran erinnert, dass es diesen Pfiff gibt. Inzwischen stehen einige Kinder um Ruthi herum, und alle reden gleichzeitig auf sie ein, und Shai, der Rothaarige, hüpft und sagt: »Und wenn ihm ein Löwe entgegengekommen ist, der deinen Papa fressen will?«

Einen Augenblick lang schweigt Ruthi. Sie weiß nicht, was sie sagen soll, dann erinnert sie sich aber: »Wenn ihm ein Löwe entgegenkommt, wirft er ihm von den vegetarischen Würstchen hin, die er immer in der Tasche hat, und wenn der Löwe die frisst, schleicht mein Papa sich an ihm vorbei, ohne dass der Löwe es merkt!«

In diesem Moment ruft die Erzieherin Irit alle zusammen, ihre Brotdosen zu holen und sich hinzusetzen. Gleich werden alle ihr Essen auspacken, und Papa ist noch immer nicht da.

Die lange Jardena holt ihre Tasche.
Sie hat sich gestern mit Ruthi gestritten
und sagt ihr im Vorbeigehen: »Dein Papa
kommt überhaupt nicht! Unterwegs ist
ihm nämlich eine Hexe begegnet. Die hat
ihn verhext, und deshalb hat er es vergessen
und kommt nicht.«
Ruthi stehen schon die Tränen in den Augen, und ihre
liebe Freundin Miki versucht sie zu trösten und streichelt sie,
und vielleicht erinnert sich Ruthi gerade durch dieses
Streicheln an etwas. Sie sagt zu Jardena:
»Das stimmt nicht! Papa geht mit einem Fuß auf dem Gehweg
und mit dem andern auf der Straße. So kann sie ihn überhaupt nicht verhexen!«
Da springt der kleine Eres mit den Locken auf und sagt:
»Und wenn da ein Riese ist?«

»Ein Riese?« Ruthi erschrickt. »Dann ... warte, ich weiß schon ... wenn da ein Riese ist, dann sagt Papa zu ihm einfach: ›Luise‹!«

Doch noch bevor Ruthi ihnen erklären kann, warum er gerade ›Luise‹ sagt und was Riesen passiert, wenn man zu ihnen in Reimen spricht, und bevor Irit ihr lautes »Gu-ten Ap-pe-tit« verkündet, geht die Tür auf. Papa kommt herein. Er atmet schnell und er schwitzt, sein Gesicht ist rot, sein Haar verstrubbelt, und die Brille rutscht ihm fast von der Nase, aber er schwenkt die rote Brotdose hoch über dem Kopf!

»Papa!«, ruft Ruthi. »Du hast sie nicht vergessen!«
»Natürlich nicht«, sagt Papa und gibt Ruthi das Brötchen und die Apfelsine.
»Nicht wahr, dir sind unterwegs keine Seeräuber begegnet?«, fragt Ruthi.
»Seeräuber?«, fragt Papa erstaunt. »Wie kommst du auf Seeräuber? Ach so ... doch, doch ... Da waren welche. Natürlich. Drei sogar.

Aber ich habe ihnen gesagt, sie sollen mal hinter sich gucken, und indessen hab ich mich aus dem Staub gemacht.«

Ruthi wickelt in Ruhe ihr Brötchen aus.

»Und der Schäferhund?«, fragt Rotem. »Dieser schwarze, der immer so furchtbar hochspringt, wenn Kinder vorbeigehen?«

»Klar doch, der ist mir auch begegnet«, sagt Papa. »Aber ich habe so einen besonderen Pfiff. Wenn ein Hund den hört, wird er gleich ganz zahm.«

Rotem hört auf zu kauen und schaut Papa mit offenem Mund an.

RIESE

»Wirklich? Dann war der Löwe auch da?«, fragt der rothaarige Shai.

Papa kratzt sich am Kopf: »Ja, ich bin mir fast sicher, dass ich einen Löwen gesehen habe. Hinter den Büschen bei der Post, da hatte er sich versteckt. Aber für hungrige Löwen habe ich ja immer vegetarische Würstchen in der Tasche.«

»Zeig her«, rufen alle zusammen, »zeig uns die Krümel«, aber Papa erklärt, dass er keine mehr hat, weil der Löwe sie alle aufgegessen hat.

»Und die Hexe?«, flüstert Jardena.

»Was für eine Hexe?«, fragt Papa verwundert.

»Die, die in dem Loch im Baum neben dem Supermarkt wohnt«, sagt sie mit zitternder Stimme, »die hat dich nicht verhext?«

Papa sagt: »Na ja, wahrscheinlich hat sie es versucht, diese Hexe. Aber als ich da vorbeimusste, bin ich mit einem Fuß auf dem Gehweg und mit dem andern auf der Straße gegangen, und deshalb hat sie es nicht geschafft.«

»Und der Riese?«, fragt der kleine Eres und verschüttet fast seinen Kakao.

»Ach, der Riese ...« Ruthis Papa überlegt: »Warte, warte ... was hab ich noch mal mit dem Riesen gemacht?« Er schaut zu Ruthi, schaut ihr tief, tief in die Augen, erinnert sich dann und lächelt: »Der Riese, zu dem hab ich ›Luise‹ gesagt!« Papa schält Ruthi die Apfelsine, entlang der Linie auf der Schale, gibt ihr einen Kuss und macht sich auf den Weg zur Arbeit.

Die Kinder essen zu Ende, und dann herrscht im Kindergarten wieder Durcheinander und großer Krach: Die Mädchen spielen Fangen, und nur die große Jardena geht etwas abseits mit einem Fuß auf dem Gehweg und dem andern auf der Erde. Die Jungen reiten auf Pferden aus Besenstielen, und nur Eres kämpft auf der Wiese gegen jemanden, den keiner sonst sieht, und er bekämpft ihn mit allen Mitteln und ruft immer wieder: »Luise!«

Jonathan, ein echter Detektiv

Eines Tages verschwanden die Schuhe.
Die orangen Hausschuhe von Jonathan.
Jonathan, Mama und Papa suchten sie überall im Haus und fanden sie nicht. Mama und Papa fragten Jonathan: »Wo hast du sie denn vergessen? Wo hast du sie verloren?«, und Jonathan sagte: »Ich hab sie nicht vergessen und auch nicht verloren. Sie sind verschwunden!«
Danach verschwand die grüne Tasse mit dem aufgemalten Igel, Jonathans Lieblingstasse, aus der er so gerne beim Fernsehen seinen Kakao trank.
Mama und Papa fragten: »Vielleicht hast du sie bei Oma vergessen? Oder hast du sie verloren, als wir zum Meer gefahren sind?« Da ärgerte sich Jonathan und sagte: »Ich hab sie nicht vergessen und auch nicht verloren! Sie ist verschwunden!«
Und dann verschwand auch noch Teddy Jedidja. Jonathan kuschelte gerne mit Jedidja und mit Biba, seiner kleinen Hündin.
Das wurde allmählich schon sonderbar.
Etwas später verschwanden dann Papas Brille und Mamas lila Schal.

»Vielleicht hast du die Brille im Kino vergessen?«, fragte Jonathan Papa, und Mama fragte er: »Vielleicht hast du den Schal verloren, als du im Café warst?«
»Wir haben sie nicht vergessen und auch nicht verloren«, sagten beide genervt, »wir passen nämlich gut auf unsre Sachen auf!«
»Dann gibt es vielleicht einen Dieb im Haus«, sagte Jonathan, und er spürte, dabei lief ihm eine Gänsehaut über den Rücken.
»Einen Dieb?«, fragte Mama. »Wie kommst du auf einen Dieb? Wer will schon Hausschuhe stehlen oder eine Tasse mit einem aufgemalten Igel oder einen gebrauchten Schal?«
»Oder eine Brille«, ergänzte Papa.
»Und trotzdem«, sagte Mama, »die ganze Zeit verschwinden in diesem Haus Sachen ...«
»Ein Dieb«, flüsterte Jonathan und spürte, wie sein Herz heftig zu pochen begann, »wenn es hier einen Dieb gibt, dann krieg ich ihn.«
»Ausgezeichnet!«, rief Papa. »Ab jetzt bist du unser Hausdetektiv!«
Und so wurde Jonathan zum Detektiv: Auf Zehenspitzen lief er durchs Haus und suchte an allen möglichen Stellen, wo ein Dieb seine Beute verstecken könnte. Biba lief hinter ihm her und schnupperte überall.
Er fand einen großen Schlüssel, der schon vor langer Zeit verloren gegangen war, und den Korken einer Flasche, der unter den Schrank gerollt war, eine lange blaue Feder und auch einen von einem Geburtstag übrig gebliebenen

Luftballon ohne Luft, aber die verschwundenen Sachen fand er nicht.

Manchmal zog er Papas Mantel an und versteckte seinen Kopf unter einem großen Hut, um den Dieb in die Irre zu führen. Ganz leise ging er von einem Zimmer ins andere und schaute sich die Dinge durch ein Vergrößerungsglas an, das Papa ihm gekauft hatte, und versuchte, Spuren des Diebes zu finden. Doch er fand nur eine Trillerpfeife, die er mal verloren hatte, einen zerdrückten Pingpongball und alte, verstaubte Socken, und unter einem Schrank auch die Schale von einem hart gekochten Ei (wie sonderbar!) und einen kleinen Gecko, der aber gleich weglief. Das war alles.

Indessen kaufte sich Papa eine neue Brille und Mama einen neuen Schal, und Jonathan saß stundenlang mit Biba zusammengekuschelt und überlegte, wer der Dieb sein könnte und wo er die gestohlenen Sachen wohl versteckte.
Der Gedanke, dass jemand in ihrem Haus so etwas tat, machte ihm schon etwas Angst.
Eines Morgens war die Zeitung von Papa und Mama verschwunden, noch bevor sie Zeit gehabt hatten, sie zu lesen. »Biba«, sagte Jonathan zu seiner geliebten Hündin, »hilf mir doch bitte.«
Aber Biba schaute nur auf ihre kleinen Pfoten. Jonathan sagte: »Du musst mir helfen, nun komm schon, sei ein bisschen ein Detektiv-Hund!« Aber Biba schaute nur zur Seite und leckte sich das Maul.

Einen Tag später war auch die rote Decke verschwunden, die Mama sich umlegte, wenn sie Fernsehen guckte. »Biba«, sagte Jonathan, »warum hilfst du mir nicht? Wozu hab ich denn eine Hündin? Warum versuchst du nicht zu erschnuppern, wo die verschwundenen Dinge sind?«

Aber Biba senkte nur den Kopf und legte ein bisschen die Ohren an.

Plötzlich kam Jonathan eine Idee, eine echte Detektiv-Idee. Die Idee war so umwerfend, dass er sich fast in die Hose machte, aber er konnte es gerade noch halten.

Er reckte sich im Sessel, gähnte unüberhörbar und sagte: »Bin ich müde! Ich schlaf ja gleich ein! Ich muss ein bisschen schlafen ...«

Schon ein paar Augenblicke später spürte er, wie die kleine Biba vom Sessel sprang, und er sah, wie sie mit der Schnauze die Fernbedienung packte und wegtrug. Jonathan rührte sich nicht. Biba lief mit der Fernbedienung hinaus auf die Terrasse, und erst dann stand Jonathan auf und schlich auf Zehenspitzen hinter ihr her.

Biba sprang die Stufen hinunter in den Garten. Sie lief über die
Wiese und trug dabei die ganze Zeit die Fernbedienung im
Maul. Jonathan folgte ihr leise. Vor Aufregung funkelten seine
Augen. Ob Biba merkte, dass er hinter ihr herging? Er wusste
es nicht, denn sie schaute sich nicht ein einziges Mal um.
Dann kroch Biba plötzlich zwischen die Büsche vor der Wiese
der Nachbarn und verschwand dort.
Jonathan überlegte schnell: Soll ich hinterherkriechen oder
nicht? Was gibt es da wohl? Ist das nicht gefährlich?
Er holte tief Luft und kroch hinter
Biba her, hinein in die Büsche.
Da sah er einen kleinen Ort,
wie ein winziges Zimmer zwischen
den Büschen. Auf dem Boden
ausgebreitet lag Mamas rote Decke,
und auf ihr saß Biba.
Um Biba herum lagen Papas Brille, Mamas Schal,
die Zeitung, ein oranger Hausschuh und die grüne Tasse
mit dem aufgemalten Igel und auch Teddy Jedidja.
Biba machte ein sehr ernstes Gesicht, und sie schaute zu etwas,
was hinter dem Zaun sein musste, im Garten der Nachbarn.
Jonathan flüsterte »Biba«, und Biba drehte sich um, schaute ihn
mit ihren großen Augen an und sagte nichts.
Dann entdeckte Jonathan noch etwas: Hinter dem Zaun
auf der Wiese der Nachbarn stand ein großer, funkelnagelneuer
Käfig. Ein Käfig mit einem Netzgitter, und darin waren drei
Hasen, Vater, Mutter und ein kleines Häschen.

Biba saß auf der Decke und schaute zu ihnen,
sah einfach zu, wie sie herumhüpften und spielten.
Jonathan setzte sich zu Biba, und sie schauten ihnen
gemeinsam zu. Die Hasen hüpften herum, schubsten sich,
sie sprangen hin und her und spielten. Und manchmal
blieben sie stehen und küssten sich, Nase an Nase.
Biba zog sich mit den Zähnen einen Zipfel von
Mamas Decke über die Pfoten. Danach legte
sie ihren Kopf auf den Bauch von Teddy Jedidja.
»Biba«, sagte Jonathan leise, »du hast dir ein
kleines Haus gemacht. So eins, wie wir es zu Hause
haben, nicht wahr?« Biba wackelte ein bisschen mit
dem Schwanz und schaute ihm in die Augen.
Und auch Jonathan zog sich die Decke über die Füße, legte einen
Arm um Biba und einen um Teddy Jedidja, und so saßen sie
lange zusammen und sahen den Hasen zu.

Wer will einen Huckepack?

Abends, bevor Jonathan schlafen geht, klettert er auf Papas Rücken, und dann ziehen sie zusammen durch die Wohnung, und Papa ruft laut: »Huckepack, Huckepack, wer will einen Huckepack?«

Mamas lila Hausschuhe stehen unter dem Bett. Papa schleicht sich vorsichtig an sie heran und flüstert: »Treue Schuhe, scheue Schuhe, wollt ihr vielleicht den Huckepack?«

»Nein, nein«, lacht Jonathan und zieht Papa an den Ohren, und Papa springt zurück und sagt zu den Schuhen: »Nein, nein, nein, den kriegt ihr nicht! Den Huckepack, den kriegt ihr nicht!«

»Und jetzt frag das Klavier«, sagt Jonathan.

»Großes, ehrwürdiges Klavier«, sagt Papa und schlägt im selben Rhythmus die Tasten an:

»Kla-vier voll Me-lo-di-en und voll Staub, willst du vielleicht den Hu-cke-pack?«

»Weg mit dir, du Klavier«, ruft Jonathan, »Papa, nein, dem gibst du nicht den Huckepack!«

»Nein, nein, nein, den kriegst du nicht! Den Huckepack, den kriegst du nicht!«, ruft Papa, rennt vom Klavier weg und singt vor sich hin: »Wer will einen Huckepack?«

Jonathan schaukelt ganz wild auf Papas Rücken und fragt sich:
Was wird gleich passieren, wenn wir in den Flur gehen,
wo der Teppich mit dem Bild des unheimlichen Elefanten liegt?
Was, wenn Papa heute aus Versehen bereit ist, ihm den
Huckepack zu geben?
»Weiter?«, fragt Papa. »Oder bist du schon müde?«
»Weiter! Weiter!«, sagt Jonathan. »Frag doch den Schirm.«
Papas Schirm hängt am Kleiderständer. Papa geht nah an ihn
heran, ganz leise, auf Zehenspitzen: »Schwarzer Schirm,
winterlicher, finsterer Schirm«, sagt Papa, »willst du vielleicht
den Huckepack?«
Stille. Kein Laut. Jonathan spürt sein Herz schlagen. Er schmiegt
sich an Papas Rücken und flüstert: »Spann ihn doch mal auf,
aber ga-a-a-nz langsam.«

Und Papa spa-nn-nn-nnt den Schirm auf, ga-a-anz langsam, und
Jonathan brüllt vor Lachen: »Nein, nein, nein,
den kriegst du nicht! Den Huckepack,
den kriegst du nicht!«
Also ziehen sie weiter durch die Wohnung
und fragen verschiedene Spielzeuge
und Tische und Socken, den Wasserhahn
und auch die Käsereibe und den Wasser-
kocher, ob sie den Huckepack haben
wollen, und zu allen sagen sie dann: »Nein, nein, nein,
den kriegt ihr nicht! Den Huckepack, den kriegt ihr nicht!«
Jonathan spürt, dass sie immer näher an den Flur kommen, wo
der Teppich mit dem Elefanten liegt. Ihm wird plötzlich kalt,
und er klammert sich mit Armen und Beinen an Papa, obwohl er
ganz sicher ist, dass Papa ihn nicht diesem sonderbaren Elefanten auf dem Teppich geben wird. Wie kommt er überhaupt auf
so was? Papa war doch noch nie bereit, ausgerechnet ihm den
Huckepack zu geben ...
»Unbekannter, unbenannter Elefant«, sagt Papa mit
so tiefer Stimme, dass es Jonathan im Bauch
kitzelt, »Elefant mit vier Händen und
einem Zahn aus Elfenbein ... willst
du zufällig einen Huckepack
kaufen?« Jonathan atmet
schnell, er schnauft in Papas
Nacken und zischt: »Der nicht!
Nicht dem! Komm, schnell weg von hier!«

Doch Papa bleibt stehen. Versteht er nicht, wie gefährlich dieser Elefant ist? Und er fragt den Elefanten auch noch ganz nett und freundlich: »Ach, wirklich? So viel Geld würdest du für den Huckepack bezahlen? Bestimmt, weil er ein so ruckelnder und schuckelnder, ein so schnuckeliger und zudem außerordentlich wohlschmeckender Huckepack ist, nicht wahr?«

Jonathan ist nur noch Zittern und Bibbern und sogar Klibbern. Gleich wird der Elefant ihn mit seinem Rüssel zu sich in den Teppich ziehen ...

Und dann, wirklich im allerletzten Augenblick, tanzt Papa zurück, wirft Arme und Beine in die Luft und singt zum Elefanten: »Nein, nein, nein, den kriegst du nicht! Der ist nicht zu verkaufen! Der Huckepack gehört nur uns allein!«

In genau diesem Moment kommt Mama aus dem Zimmer, in dem sie arbeitet. Sie nimmt die Brille ab und fragt, was denn dieser Lärm soll, und Papa galoppiert bis vor sie hin, verneigt sich vor ihr wie ein ganz besonders edles, adeliges Pferd und wiehert: »Liebe Mama, schöne Mama, du bist heute dran, Jonathan ins Bett zu bringen. Möchtest du vielleicht einen Huckepack?«

Mama lächelt: »Einen so süßen, hinreißenden Huckepack? Natürlich will ich den haben!«

»Was meinst du«, fragt Papa Jonathan, »sollen wir der Mama den Huckepack verkaufen?«

Jonathan ist ganz begeistert: »Verkauf ihn ihr, verkauf mich an Mama!«

»In Ordnung«, sagt Papa, »der Preis beträgt ... zwei Küsse für jeden!«

Papa bekommt zwei Küsse, und auch der Huckepack bekommt zwei Küsse und geht in Mamas Hände über.

Sie bringt ihn ins Bett und tritt dabei nicht auf den Teppich

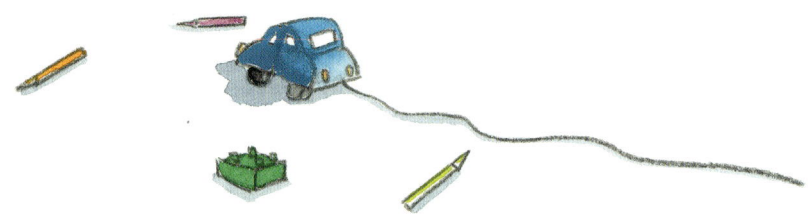

im Flur, und Jonathan freut sich, dass von allen Menschen
auf der Welt, und von allen Hausschuhen, Klavieren, Schirmen
und Käsereiben und von allen sonderbaren Elefanten auf der
Welt – dass von all denen, gerade die Mama ihn gekauft hat.

Uris besondere Sprache

»o-ich-ähl-euch-ichte.« –

Habt ihr nicht verstanden, was ich gesagt habe?
Das ist ganz einfach. Ich habe gesagt:
»Hallo, ich erzähl euch jetzt eine Geschichte.«
Ich habe es nur in der besonderen Sprache von Uri gesagt.

Uri ist ein kleiner Junge, er ist fast zwei Jahre alt und fängt gerade an zu sprechen. Von jedem Wort sagt er nur den letzten Teil. Sogar Mama und Papa verstehen nicht alle Wörter, die er sagt. Zum Glück hat Uri einen großen Bruder, der ist schon fünf und heißt Jonathan. Jonathan versteht immer gleich, was Uri sagt.

Zum Beispiel als sie einmal alle im Auto nach Haifa, zu Oma und Opa fuhren. Uri schaute aus dem Fenster auf die vorbeifahrenden Autos und rief plötzlich: »A-inten-ährt-oßer-uss.«
Papa bremste sofort den Wagen und fragte: »Welchen Tintenbär stoppt bloß der Fluss?«
Jonathan lachte: »Nein, Papa! Du verstehst Uri nicht! ›A-inten-ährt-oßer-uss‹ bedeutet: Da hinten fährt ein großer Bus.«

»Ein Glück, dass wir einen Übersetzer wie Jonathan haben«, sagte Papa.

»Was ist ein Übersetzer?«, fragte Jonathan.

»Ein Übersetzer ist jemand, der Leuten eine Sprache erklärt, die sie selbst nicht verstehen. Und du erklärst uns doch die Sprache, die unser Uri spricht«, sagte Papa und fuhr weiter.

Einmal, als Papa abends nach Hause kam, hatten die Kinder schon gegessen, und Uri rannte zu ihm und erzählte ganz aufgeregt: »Eller-isch-orfen-all-utt.«

»Was du nicht sagst!«, hatte Papa gestaunt. »Eller-isch-orfen-all-utt? Und das ist hier bei uns zu Hause passiert? Schade, dass ich da nicht dabei war.«

»Nein, Papa! Du verstehst Uri nicht. Uri sagt nur, er hat einen Teller vom Tisch geworfen und alles ist kaputt.«

»Ich verstehe«, sagte Papa, »und ich dachte schon, ein riesiger Propeller hat einen Fisch aus dem Dorf ... na gut. Ein Glück, dass wir einen Übersetzer wie dich haben, Jonathan!«

Dann kam Uris Geburtstag. Er wurde genau zwei Jahre alt. Alle Omas und Opas, Tanten und Onkel kamen zu Besuch. Uri blies die Kerzen auf dem Kuchen aus und bekam schöne Geschenke (und auch Jonathan bekam welche, damit er nicht neidisch würde). Uri lief von einem zum andern und erzählte viel.
Zu Opa Itzik ging er mit einem Finger im Mund und sagte zu ihm: »Und-und-uri-igt-euen-ahn.«
»Wer?«, rief Opa Itzik erschreckt: »Mein Gott! Uri sagt: Der Hund, der Hund knickt den scheuen Schwan!« Alle Gäste rannten hinaus, um im Garten nachzuschauen, obwohl es

da keinen Teich und auch keine Schwäne gab und
die Nachbarn nur ein Häschen und keinen Hund hatten.
Nur Jonathan lachte sich kaputt: »Ihr versteht
Uri nicht! Und-und-uri-igt-euen-ahn bedeutet:
Mund, Mund, Uri kriegt einen neuen Zahn.
Er kriegt einfach einen neuen Zahn!«

Alle lachten, und vor lauter Lachen rollten Opa Itzik richtige
Tränen aus den Augen, und er musste die Brille abnehmen.
Oma Michaela schaute auf Uris Mund, sah den kleinen Zahn
und sagte: »Was für ein süßer Zahn wächst dir da, Uri!«,
und Uri sagte: »Opa-utzt-ille-uuch.«
»Was?!«, staunte Oma, »Opa nutzt die Grille im Buch?«
»Nein!« Jonathan kugelte sich vor Lachen. »Keiner hier versteht
Uri! Opa-utzt-ille-uuch heißt: Opa putzt sich die Brille mit
dem Küchentuch.«
»Ah«, sagten alle, »jetzt verstehen wir das!«, und sie lachten,
und Opa Itzik lachte so sehr, dass ihm noch mal die Tränen
kamen und er noch mal die Grille im Buch nutzte ... Verzeihung,
mit dem Handtuch seine Brille putzen musste.

Am Abend, als Jonathan und Uri gebadet hatten und schon in
ihren Betten lagen, wollten die Gäste losfahren. Da bemerkte
Opa Amos: Seine Autoschlüssel waren weg.
Er erinnerte sich daran, dass Uri mit ihnen gespielt hatte,
und deshalb gingen sie zu Uris Zimmer, um ihn zu fragen,
wo er die Schlüssel hingetan hatte.
Sie gingen leise hinein, denn Jonathan war schon eingeschlafen,
und sie wollten ihn nicht aufwecken.
»Uri, mein Schatz, wo sind die Autoschlüssel
von Opa Amos?«, flüsterte Papa.
»Üssel?«, fragte Uri. »Immt-iff-anne.«
»Immt-iff-anne?«, fragte Papa. »Immt-iff-anne,
was kann das bedeuten?«

»Vielleicht verstimmt er den Griff von
der Thermoskanne«, dachte Mama.
»Nein«, sagte Uri, »immt-iff-anne!«
»Immt-iff-anne?«, fragte Oma Siva.
»Vielleicht erklimmt er ein Riff in der Savanne?«
»Nein«, sagte Uri verärgert (er war müde und wollte endlich
schlafen), »immt-iff-anne!«
»Dann vertrimmt er den Sheriff nach der Fahrradpanne?«,
fragte Opa Itzik.
»Nein! Immt-iff-anne!«, schrie Uri. Er weinte fast, und Opa Amos
sagte: »Was machen wir bloß! Was machen wir bloß! Jetzt
können wir nicht nach Hause fahren.«
Alle Erwachsenen liefen im Zimmer auf und ab und sagten einer
zum andern: »Immt-iff-anne! Was kann das nur bedeuten?«

Und sie murmelten sich komische Sachen zu, wie: »Er überstimmt den Angriff von Marianne«, »Er benimmt sich wie das Traumschiff auf der Purpur-Tanne«, »Er verglimmt wie der Pfiff auf der kalten Pfanne.«

»Immt-iff-anne!« Jetzt weinte Uri wirklich, und alle riefen ungeduldig: »Aber was bedeutet denn ›immt-iff-anne‹?«

Von dem Lärm wachte Jonathan auf. Jonathan, der Übersetzer und Retter in der Not, Jonathan, der gerade fünf Jahre alt war, also genau in der Mitte zwischen klein und schon-groß. Deshalb konnte er beide verstehen, kleine Kinder und die Großen.

Alle standen um Jonathans Bett und flehten ihn an, er möge übersetzen, was Uri ihnen sagte:

»Was bedeutet ›immt-iff-anne‹?«, fragten sie und schrien schon, und Jonathan sagte: »Er schwimmt auf dem Schiff in der Badewanne«, und schlief sofort wieder ein.

Die Gäste rannten ins Badezimmer, und da fanden sie auf einem Plastikschiffchen die Autoschlüssel von Opa Amos in der Badewanne schwimmen.

»Immt-iff-anne«, sagten alle im Chor, »das ist doch ganz einfach! Er schwimmt auf dem Schiff in der Badewanne!«
Sie gingen noch einmal zu Jonathan, der sie gerettet hatte, um sich abermals zu bedanken, doch der schlief schon tief, und auch Uri war schon eingeschlafen.

Und nun: »Ute-acht-inder-und-aaft-echt-öön!«

Joram wünscht sich was

Joram badet. Papa sitzt auf einem Hocker neben der Wanne und seift Jorams Rücken ein. Dabei unterhalten sie sich über interessante Dinge. Zum Beispiel: Was hat Jorams Mama im Bauch?

Jorams Mama hat einen dicken Bauch. Sie ist schwanger.

Joram sagt: »Spannend, was aus diesem dicken Bauch herauskommt.«

Und Papa sagt: »Sehr, sehr spannend, was herauskommt. Was hättest du denn gern?«

Joram denkt und denkt und sagt:

»Vielleicht kommt aus ihrem dicken Bauch ein Fußball?«

»Ein Fußball?«, fragt Papa erstaunt. »Du willst einen Fußball-Bruder?«

»Ja, ja!« Joram lacht und platscht mit den Händen ins Wasser. »Ich kriege einen Fußball-Bruder! Einen kleinen, runden, dicken Bruder, den ich bis zum Himmel kicken kann.«

»Vielleicht tut ihm das weh«, sagt Papa.

»Vielleicht«, sagt Joram.

Dann sagt er: »Also das lohnt sich wirklich nicht. Besser, wenn aus dem dicken Bauch ein Schokoladen-Bruder kommt.«

»Ein Schokoladen-Bruder?«, sagt Papa und lacht. »Und wie soll er aussehen, dein Schokoladen-Bruder?«

»Wie eine Katze«, sagt Joram. »Ich mag Schokoladenkatzen. Ich kriege einen süßen Bruder, und ich habe ihn sehr lieb.«

»Und was machst du mit ihm, mit deinem schokoladigen Bruder?«, fragt Papa. Er ist ein bisschen besorgt.

»Ich lecke ihn ganz, ganz langsam auf«, sagt Joram.

»Und du lässt nichts von ihm übrig?«, fragt Papa.

Joram denkt und denkt und sagt: »Ich lasse das Einwickelpapier übrig. Schönes Einwickelpapier. Aus Gold.«

»Vielleicht ist er damit nicht einverstanden«, sagt Papa. »Vielleicht überlegst du dir was anderes.«

»Gut«, sagt Joram und überlegt sich was anderes.

»He! Vielleicht kommt aus dem dicken Bauch ein Löwen-Bruder.«

»Ein Löwen-Bruder?«, fragt Papa erstaunt. »Wozu brauchst du einen Löwen-Bruder?«

»Ich kriege einen Löwen-Bruder!«, schreit Joram und spritzt Wasser in die Luft. »Ich kriege einen Bruder mit Mähne und mit einem Knopf an der Schwanzspitze. Und jeden Morgen brüllt er: ›Guten Morgen!‹ Und ich reite auf seinem Rücken zum Kindergarten. Und alle sehen uns und sagen: ›Wie stark sie zusammen sind, diese beiden Brüder. Wie tapfer!‹«

»Eine tolle Idee«, sagt Papa. »Und du gibst ihm dann auch alle deine Spielsachen, nicht wahr?«

»Wieso denn?«, sagt Joram.

»Aber ein so großer Löwe will dir vielleicht alle Spielsachen abnehmen. Und es ist bestimmt ein bisschen gefährlich, einen großen Löwen zu ärgern. Was meinst du?«

Joram sagt sofort: »Vielleicht ist es wirklich nicht gut, wenn mein kleiner Bruder zu groß und zu stark wird, oder? Wenn er so stark ist, kann ich schlecht auf ihn aufpassen.«

»Stimmt«, sagt Papa. »Vielleicht denkst du an einen kleineren Bruder?«

»Also vielleicht, vielleicht«, sagt Joram. »Vielleicht kriege ich einen Hasen-Bruder?«

»Einen Hasen-Bruder?«, fragt Papa. »Was tust du mit so einem Bruder?«

»Ich gebe ihm das Harte vom Brot, weil ich das nicht mag. Und das Gelbe vom Ei, weil ich das nicht mag. Hasen essen das Gelbe vom Ei sehr, sehr gern.«

»Und wo wird er wohnen?«, fragt Papa.

»In meinem Zimmer«, sagt Joram. »Er ist doch mein Bruder, und Brüder wohnen immer zusammen in einem Zimmer.«

Papa freut sich. »Richtig! Du weißt tatsächlich, wie Brüder wohnen.«

»Er wohnt in meinem Zimmer«, erklärt Joram. »Er wohnt in einem kleinen Käfig, und ich passe auf, dass er nicht rauskann und wegläuft. Draußen ist es nämlich gefährlich für Hasen.«

»Und du denkst, er will die ganze Zeit in einem Käfig eingesperrt sein?«, fragt Papa.

»Vielleicht ja«, sagt Joram.

»Vielleicht nicht«, sagt Papa und wäscht Joram erst den Hals mit Seife und dann hinter den Ohren.

»Also vielleicht ist es doch besser, wenn aus Mamas dickem Bauch ein Baby-Bruder kommt?«, sagt Joram.

»Vielleicht«, sagt Papa.

»Und er wird mich lieb haben?«

»Ja«, sagt Papa. »Er ist doch dein Bruder.«

Joram denkt Gedanken und zeichnet kleine, hübsche Kreise ins Wasser.

»Gut«, sagt er. »Ich bin einverstanden, dass es ein Baby-Bruder wird. Vielleicht ist das wirklich am besten. Weil aus einem Fußball-Bruder die Luft rausgehen kann, ein Schokoladen-Bruder kann aufgegessen werden, und ein Hasen-Bruder kann überhaupt nichts tun.«

»Prima«, sagt Papa. »Jetzt komm, ich bring dich ins Bett.« Er wickelt Joram in das große Handtuch, und sie spielen ihr Spiel. Papa sagt: »Ho, ho, ich habe ein großes Paket bekommen, aus Mexiko. Die Leute von Mexiko haben gesagt, sie hätten mir einen Fuchs geschickt.«

Und Joram im Handtuch macht Töne wie ein schrecklicher Fuchs.

Papa legt das Handtuch mit dem Fuchs aufs Bett. Und plötzlich sagt der Fuchs im Handtuch:
»Papa, sag Mama, sie soll machen, dass es ein Baby-Bruder wird, ja?«
»In Ordnung«, sagt Papa und fängt an, den kleinen Fuchs im Handtuch zu kitzeln. Und beide lachen und lachen wie jeden Abend, wenn Papa Joram ins Bett bringt.

Joram geht spazieren

In Jorams Zimmer hängen drei schöne bunte Bilder an den Wänden.

Auf dem ersten Bild ist eine lange Eisenbahn mit einer grünen Lokomotive, und aus den Wagen schauen Gesichter von Menschen und Tieren.

Auf dem zweiten Bild ist ein Mädchen, das einen großen roten Drachen zum Himmel steigen lässt. Jorams Papa und Joram sagen immer, das Mädchen heißt Rutzki-Putzki. Der Name gefällt ihnen.

Auf dem dritten Bild ist ein Wald. Im Wald wohnen zwei große Löwen, ein Papa-Löwe und eine Mama-Löwin. Aber ein Löwen-Kind ist nicht dabei. Vielleicht sehen die Löwen deshalb ein bisschen traurig aus.

Abends trinkt Joram Kakao und hört eine Geschichte. Dann will er noch mal Pipi machen, dann braucht er sein kleines Nachtlicht, dann seinen Teddy und seinen Affen. Und wenn Papa und Mama böse werden, weil er nervt und keine Ruhe gibt, ist Joram still und legt sich verkehrt herum in sein Bett. Und dann, ganz langsam und geräuschlos, fängt Joram an, die Wände hinaufzugehen.

Niemand auf der Welt weiß, dass Joram
die Wände hinaufgehen kann. Nur der
Teddy und der Affe wissen es.

Joram geht langsam eine Wand hinauf,
bis er zu dem Bild mit dem Wald kommt.
Er klettert über den Rahmen und steigt in das Bild hinein.
Wenn man in ein Bild hineingeht, hört und sieht man Sachen,
die man von draußen nicht hört und nicht sieht. Joram sieht,
dass zwischen den Waldbäumen ein Bach fließt. Und in dem
Bach waschen sich zwei kleine Elefanten.
Joram sieht Affen, die auf den Ästen der Bäume herumhüpfen.
Er hört Vögel singen. Und auf einem Felsen sieht Joram drei
Feen, die zaubern lernen. Joram geht sehr gern in dieses Bild.
Einmal, als Joram ein bisschen im Wald dieses Bildes
spazieren geht, hört er plötzlich ein Weinen. Er geht schneller,
bis er mitten im Wald ist. Und dort, unter einer Palme, trifft er
die beiden großen Löwen. Sie sitzen da und weinen.
»Was ist euch passiert?«, fragt Joram.

Die Löwen hören auf zu weinen und schauen ihn an.
»He«, sagt der Löwe, »das ist der Junge aus dem Bett da unten.«
»Stimmt«, antwortet die Löwin, seine Frau. »Wie bist du hergekommen? Noch nie ist ein Kind hier gewesen.«
»Ich bin geklettert«, sagt Joram. »Ich besuche dieses Bild hier oft, aber wir haben uns noch nie getroffen. Seid ihr wegen etwas Bestimmtem traurig?«
»Ja.« Wieder fängt die Löwin an zu weinen. »Unser Kind, unser süßer, lieber Löwen-Junge ist verschwunden.«
»Wir machen uns große Sorgen um ihn«, sagt der Papa-Löwe und weint sehr.
»Wie ist er verschwunden?«, fragt Joram. Er wird auch ein bisschen traurig.

»Vor drei Tagen ist hier am Wald eine Eisenbahn vorbeigefahren«, sagt die Mama-Löwin. »In der Eisenbahn saßen viele Menschen und Tiere. Die Eisenbahn war schön und bunt, und unser Kleiner ist ihr nachgelaufen. Plötzlich ist er aufgesprungen!«

»Und die Eisenbahn ist dann mit ihm weggefahren«, sagt der Papa-Löwe und wischt sich die Augen.

»Und jetzt wissen wir nicht, wo er ist«, sagt die Mama-Löwin und seufzt.

»Einen Moment!«, sagt Joram. »War das eine lange Eisenbahn mit einer grünen Lokomotive?«

»Genau«, sagt der Papa-Löwe. »Hast du sie gesehen?«

»Ja«, sagt Joram. »Sie ist auf dem Bild an der Wand gegenüber. Ihr könnt sie dort sehen. Neben dem Regal!«

Die beiden Löwen stehen sofort auf und schauen hinüber.

»Stimmt!«, schreit der Papa-Löwe. »Ich sehe ihn.«

»Ja, ja!«, schreit die Mama-Löwin. »Dort ist er. In der Eisenbahn, am Fenster.«

Und sie winken ihrem Löwen-Jungen mit ihren großen Pfoten zu.

»Komm zu uns zurück!«, schreien der Papa-Löwe und die Mama-Löwin.

»Komm heim!«

Der kleine Löwe in der Eisenbahn hört sie und winkt mit den Pfoten und schreit, er will gern heimkommen. Er hat

nämlich Hunger und keine Lust mehr, mit der Eisenbahn zu fahren. Er sieht traurig aus.

Die Eisenbahn fährt so schnell, und er weiß nicht, wie er aussteigen soll.

»Vielleicht könnt ihr ihn holen?«, schlägt Joram den Löwen vor. Doch sie erklären ihm, dass sie nicht aus dem Bilderrahmen steigen können. Nur Kinder können das, Löwen-Kinder oder Menschen-Kinder.

Joram denkt und denkt.

Plötzlich springt er auf und sagt: »Ich habe eine Idee! Wartet hier! Ich bringe euch euer Kind zurück.«

Joram steigt aus dem Waldbild, rennt die Wand entlang, klettert über den Rahmen des zweiten Bildes und geht zu dem Mädchen, das den Drachen steigen lässt.

»Guten Tag«, sagt er. »Ich heiße Joram, und ich will, dass du mir hilfst.«

»Ach, du bist es. Der Junge aus dem Bett da unten«, sagt das Mädchen. »Ich bin wütend auf dich. Du und dein Papa, ihr nennt mich Rutzki-Putzki! Mein Name ist aber Schulamith.«

»Entschuldige«, sagt Joram. »Das haben wir nicht gewusst. Ab jetzt nennen wir dich Schulamith. Leihst du mir kurz deinen schönen Drachen?«

»Wozu brauchst du meinen schönen Drachen?«, fragt Rutzki … Entschuldigung: fragt Schulamith.

»Das wirst du gleich sehen«, sagt Joram.

Schulamith gibt ihm die lange Schnur.

Und Joram lässt den Drachen höher und höher steigen, bis er aus dem Rahmen schwebt und im Zimmer herumfliegt.

Alle im Zimmer und alle Gesichter in den Bildern betrachten den wunderschönen Drachen.

»Helft mir!«, bittet Joram seine Spielsachen. »Pustet, damit der Drachen fliegt.«

Die Spielsachen pusten. Ganz fest pusten sie, und der rote Drachen fliegt am Regal vorbei und nähert sich langsam, langsam dem Bild mit der schnellen Eisenbahn.

Joram schreit, so laut er kann, dem kleinen Löwen zu: »Wenn der Drachen die Eisenbahn erreicht, pack die Schnur und spring auf ihn drauf!«

Und wirklich: Der Drachen erreicht das Abteilfenster,

der kleine Löwe springt aus der fahrenden Eisenbahn, klettert auf den Drachen und setzt sich auf ihn drauf.

Dann lässt Joram den Drache mit dem kleinen Löwen zum Waldbild fliegen.

Nach einer Minute erreicht der Drache die gemalte Palme und hält an. Der kleine Löwe steigt herunter und umarmt und küsst seinen Vater und seine Mutter.

»Warum bist du mit der Eisenbahn gefahren?«, fragt die Mama-Löwin den kleinen Löwen.

»Weil sie eine grüne Lokomotive hat«, sagt er.

»Du sollst nie ohne Erlaubnis weggehen«, sagt der Papa-Löwe.

»Ich habe wirklich genug von der Eisenbahn«, sagt der kleine Löwe.

Joram gibt Schulamith den Drachen zurück und bedankt sich.

»Du bist nett«, sagt Schulamith. »Du kannst mal wieder zu mir kommen, dann lassen wir zusammen den Drachen steigen.«

»Gut«, sagt Joram. Er steigt aus dem Bild von Schulamith und dem Drachen und geht die Wand hinunter zu seinem Bett.

Er legt sich hinein und ist sehr müde. Aber bevor er einschläft, macht er kurz die Augen auf.

Er sieht, dass der Papa-Löwe und die Mama-Löwin ihr Junges ins Bett bringen, und alle drei sind sehr, sehr froh.

Joram schreibt einen Brief

»Guten Tag! Da ist die Post!«, sagt Papa, als er von der Arbeit nach Hause kommt. Und er zeigt Mama die Briefe.
»Der ist für dich von der Bank, und der ist für mich von der Bank. Und der ist für mich von Elischeva, mit der ich in der Schule war. Und der ist für dich vom Theater.«
Und Papa und Mama fangen an, ihre Briefe zu lesen.
»Und warum bekommt nur ihr Briefe und ich nicht?«, schreit Joram. »Das ärgert mich.«
Und er tritt gegen die Wohnungstür, damit auch sie weiß, wie sehr er sich ärgert.
Papa schreit aus seinem Zimmer zurück: »Wenn du jemandem einen Brief schreibst, dann schreibt er dir zurück. Und hör auf, gegen die Tür zu treten, die kann nichts dafür.«
Ich hätte so gerne einen Brief mit Briefmarken und Stempel, denkt Joram.
»He«, sagt Papa, der plötzlich sehr nahe ist. »Wenn du Mama und mir einen Brief schreibst, schicken wir dir sofort eine Antwort.«
»Auch mit einer Briefmarke?«, fragt Joram.

»Mit allem. Mit Briefmarke und Umschlag und sogar mit einem Stempel von der Post«, verspricht Papa.
Joram macht einen Satz und rennt in sein Zimmer, um einen Brief zu schreiben. Doch plötzlich bleibt er stehen und läuft zurück.
Ihm fällt ein, dass er ein kleines Problem hat. Eigentlich ein großes Problem. Eigentlich ein riesiges Problem. Denn Joram kann noch nicht schreiben. Er tobt.
»Hör auf, gegen die Tür zu treten!«, schreit Papa.
Aber genau in diesem Moment hat Joram eine wunderbare und großartige Idee.
»Vielleicht«, sagt er zu seinem Vater, »vielleicht schicke ich mich selbst als Brief an euch?«
»Was?«, fragt Papa.
»Vielleicht schicke ich mich selbst mit der Post an euch. Wie einen Brief«, erklärt Joram.

»Waaaas?«, fragen Papa und Mama gleichzeitig.

»Vielleicht schicke ich mich selbst …«, sagt Joram zum dritten Mal. Aber Papa versteht es endlich. Er lacht und sagt, das wäre eine wunderbare Idee.

»Ja«, sagt Joram fröhlich. »Ich habe wunderbare Ideen im Kopf. Und wenn der Brief Joram bei euch ankommt, sagt er euch was. Genau wie ein Brief das macht.«

Papa sagt: »Morgen schicke ich dich mit der Post, genau wie einen Brief. Bevor ich zur Arbeit gehe und bevor ich dich zum Kindergarten bringe. Was hältst du davon?«

Am nächsten Morgen nimmt Papa einen großen Bogen Papier und schreibt Folgendes:

An die Mama und den Papa von
Joram Eschel,
Ein-Gedi-Straße 2,
Jerusalem

Den Bogen Papier steckt er mit einer Sicherheitsnadel vorn an Jorams Hemd fest. Dann nimmt er noch einen Bogen Papier und schreibt:

Absender:
Joram Eschel,
Ein-Gedi-Straße 2,
Jerusalem

Dieses Papier steckt er mit einer Sicherheitsnadel hinten an Jorams Hemd fest.

»Und jetzt gehen wir zur Post«, sagt er.

»Halt«, sagt Joram. »Du hast die Briefmarke vergessen.«

»Da sieht man mal wieder, wie dumm ich bin«, sagt Papa. »Einen Brief ohne Briefmarke zu schicken!«

Und er holt zwei große Briefmarken mit bunten Vögeln drauf und befeuchtet sie mit etwas Spucke. Wumm, klebt er eine Briefmarke direkt auf Jorams Stirn und eine auf Jorams Hose, auf den Po.

»Au«, sagt der Brief.

Mit dem Autobus fahren sie zur Post, und die Leute starren
Joram an. Ein Mann lacht, und eine dünne Frau sagt:
»Meinem Kind hätte ich nicht erlaubt, so auf der Straße rumzulaufen. Mit einer Briefmarke auf der Stirn und Papier und allem möglichen Blödsinn!«
Joram sagt nichts. Denn ein Brief redet erst, wenn er ankommt.

Auf dem Postamt arbeitet Friedman, den Papa schon seit vielen
Jahren kennt. Papa nimmt Friedman zur Seite und spricht mit
ihm. Und Friedman schaut Joram an und sagt, dass er sich bald
um diesen Brief kümmern wird.

Wirklich, nach einigen Minuten sagt Friedman zu jemand anderem, dass er eine Pause machen und das Postauto für einen Eilbrief nehmen will. Joram freut sich sehr. Aber er macht eine Grimasse und sagt mit fest geschlossenen Lippen: »Schtmpl.«
Papa und Friedman verstehen nichts. Sie verstehen nur, dass Joram sie an etwas erinnern will, was sie vergessen haben. Und dass er nicht sprechen kann, weil er ein Brief ist.
»Schtmpl!«, schreit Joram mit geschlossenen Lippen, und da verstehen sie es.
»Natürlich«, sagt Friedman. »Man kann doch unmöglich einen Brief ohne Stempel befördern.«
Und er nimmt drei runde Stempel von seinem Tisch. In einer Sekunde hat er Joram drei runde lila Zeichen aufgedrückt. Eines auf die rechte Backe, eines auf die linke Backe und eines auf die Stirn, neben die Briefmarke.
Dann nimmt Friedman Joram wie einen Postsack auf den Rücken, bringt ihn hinten in das Postauto, und sie fahren los.

Joram sitzt auf zwei großen Säcken, die voller Briefe sind. Er denkt, wie spannend es doch ist, ein Brief zu sein, der aus einem fernen Land geschickt wird. Vielleicht aus England oder Mexiko. Ein solcher Brief fährt mit dem Schiff oder fliegt mit dem Flugzeug und sieht sehr viele Sachen, bis er ankommt. Und wie sich alle darüber freuen, wenn er ankommt!
»Da sind wir«, sagt Friedman und hält an. »Hier ist die Ein-Gedi-Straße 2.«
Er nimmt Joram auf den Rücken und trägt ihn zu den Briefkästen im Flur.
»Da ist der Briefkasten der Familie Eschel«, sagt Friedman. »Aber du bist ein großer Brief und passt leider nicht in diesen Briefkasten. Na gut, dann bringe ich dich eben direkt in die Wohnung.«
Jorams Mama macht die Tür auf und sagt: »Guten Tag, Friedman. Oh, ich sehe, wir haben Post bekommen.«
Sie liest die Adresse auf dem Brief und sagt: »Stimmt, er ist für uns.«
Dann dreht sie Joram um, liest den Namen des Absenders und freut sich. »Der Brief ist von unserem Joram.«
»Schau bitte auch die Stempel und die Briefmarken an«, sagt Papa.
Mama schaut sie an und sagt, alles sei in Ordnung.
»Jetzt wollen wir mal hören, was der Brief erzählt«, sagt Papa.
Endlich! Der Brief platzt schon fast, weil er die ganze Zeit

still sein musste. Er macht gleich den Mund auf und sagt:
»Jetzt müsst ihr mir aber auch schreiben!«
»Einen wichtigen Brief«, sagt Papa.
»Einen kurzen Brief«, sagt Friedman.
»In Ordnung«, sagt Papa zu dem Brief. »Wir haben einen Brief von Joram bekommen, jetzt können wir ihm auch einen schicken. Gleich heute Mittag wird er einen spannenden Brief bekommen. Und jetzt – ab in den Kindergarten!«

Und wirklich, als Joram mittags aus dem Kindergarten kommt, sieht er einen großen bunten Briefumschlag, der aus dem Briefkasten ragt. Papa hebt ihn hoch, und Joram zieht den Brief aus dem Briefkasten.
»Er ist für Joram Eschel in der Ein-Gedi-Straße 2«, sagt Papa.
»Kennst du so einen Jungen in unserem Haus?«

»Das bin ich! Das bin ich!«, ruft Joram erfreut.

Er sieht, dass der Umschlag einen Stempel und eine Briefmarke hat. Mit einem Flugzeug drauf.

Dann macht er den Umschlag langsam, ganz langsam auf, ohne ihn zu zerreißen. Im Umschlag ist ein Bild, das Mama gemalt hat.

Joram versteht sofort, was in dem Brief steht. Wenn das Wetter schön ist – und wenn sie alle gesund sind – und wenn – und wenn – und wenn ... dann gehen sie am Sonntag alle zusammen in den Zoo und schauen sich die Tiere an.

Joram beschließt, dass er ab jetzt jeden Tag einen Brief schreiben will.

Joram trifft einen kleinen Jemand

Joram liebt Tiere. Joram liebt alle Tiere, die es gibt.
Joram liebt sogar Tiere, die es nicht gibt. Zum Beispiel Einhörner und Dinosaurier.
Es gibt nur eine Tierart, vor der Joram Angst hat: Hasen.
Wirklich sehr seltsam.
Joram hat sich nie vor Löwen gefürchtet. Und nicht vor Tigern mit scharfen Zähnen. Und nicht vor schrecklichen Drachen.
Nur vor Hasen hat er seit Neuestem Angst.
Ausgerechnet vor Hasen. Wo die doch so klein sind!
Sehr seltsam.
Über Jorams Bett hängt ein Bild mit Löwen – und er schaut sie gern an. Jeden Abend. Und er hat keine Angst.
Wenn er zum Beispiel einen Tiger treffen würde, neben dem Gemüseladen von Avudi – er würde nicht wegrennen.
Und wenn ... und wenn ... und wenn einmal zufällig ein schrecklicher Drache an seine Tür klopfte, würde Joram zu ihm sagen: »Dschimala Dschim.«
Und der Drache würde auf der Stelle fliehen. So ein Held ist Joram.

Nur mit Hasen hat er ein kleines Problem. Joram schaut sich keine Bücher mit Hasenbildern mehr an. Und wenn er mit Mama und Papa im Zoo spazieren geht und sie kommen zum Hasenkäfig, legt Joram die Hände vor die Augen, damit er sie nicht sehen und keine Angst haben muss.

Joram denkt: Hasen sind sehr gefährliche Tiere.
Joram denkt auch: Hasen sind so groß wie Elefanten. Und überall haben sie Zähne. Sogar am Schwanz.
Joram ist sicher, dass Hasen Kinder verschlingen. Man kann ihm nicht klarmachen, dass er sich irrt.
Er hört noch nicht mal zu.

Aber eines Tages passiert etwas.
Joram geht mit seinem Papa und seiner Mama im Wald spazieren. Papa und Mama setzen sich auf einen Stein und unterhalten sich. Joram geht hinter einen Baum.

Er setzt sich gemütlich hin und spielt mit seinen Steinen. Und er hört seinen Eltern zu. Sie reden über ihn. Sie sagen, er muss lernen, sich morgens schnell anzuziehen und nicht zu träumen. Damit er nicht zu spät zum Kindergarten kommt.
Plötzlich kommt jemand ganz, ganz Kleines und ganz, ganz Süßes angerannt und stößt gegen Joram. Und beide erschrecken und schreien: »Mama!«
Der ganz, ganz kleine und ganz, ganz süße Jemand betrachtet Joram. Der Jemand hat ein braunes Fell und einen sehr kurzen Schwanz und lange Ohren und einen kleinen Schnurrbart. Der Schnurrbart zittert vor Angst.
»Wer bist du?«, fragt der Jemand.
»Ich bin Joram«, sagt Joram.
»So ein Glück«, sagt der Jemand. »Ich habe schon gedacht, du wärst ein Kind.«
»Warum wär das schlimm?«, fragt Joram verwundert.
»Weil ich große Angst vor Kindern habe«, erklärt der kleine

Jemand und macht einen winzigen Luftsprung. »Du solltest dich auch hüten. Kinder sind sehr gefährlich.«

»Stimmt nicht«, sagt Joram.

»Doch«, sagt der ganz, ganz kleine Jemand. Und seine langen Ohren berühren sich wie eine Schere. »Ich habe gehört, dass sie sehr gefährlich sind. Sie verschlingen Hasen.«

»Sie verschlingen gar nichts«, sagt Joram. »Sie essen ganz normales Essen. Und manchmal haben sie gar keinen Hunger.«

»Sie sind sehr schlimm«, sagt der Jemand mit dem braunen Fell und schaut sich ängstlich nach allen Seiten um. »Sie sind so groß wie ... wie vielleicht ... wie Elefanten. Ja. Und sie sind voller Zähne. Sogar am Schwanz haben sie Zähne.«

Joram lacht. »Sie haben überhaupt keinen Schwanz. Und sie sind nicht so groß wie Elefanten. Sie sind so groß wie ... wie ich! Nicht größer und nicht kleiner.«

»Halt, halt, halt!«, sagt der kleine Jemand schnell. »Woher weißt du so viel über sie? Hast du mal ein Kind gesehen?«

»Ich bin doch selbst ein Kind!«, sagt Joram und lacht.

Der Jemand stößt einen kurzen Schrei aus, und seine Ohren zittern. »Du bist ein Kind? Du bist ein Kind?« Und er will in den Wald fliehen.

Doch plötzlich bleibt er stehen, dreht sich um und betrachtet Joram neugierig. »Aber du siehst nicht schlimm aus«, sagt er.

»Ich bin wirklich nicht schlimm«, sagt Joram.

»Und du hast auch nicht so viele Zähne am Körper?«

»Nur im Mund«, sagt Joram und zeigt sie ihm.

»Ich glaube nicht, dass ich jetzt vor dir Angst habe«, sagt der

Jemand. »Versuch doch mal, mich ein bisschen zu erschrecken. Damit ich wirklich weiß, ob ich vor dir Angst habe.«

Joram schreit: »Dschimala Dschim!« Wie er Drachen anschreit, wenn sie zufällig bei ihm an die Tür klopfen.

Aber der Jemand erschrickt überhaupt nicht.

Er kommt näher und setzt sich neben Joram und lehnt sich sogar ein bisschen an ihn.

»Wir können Freunde sein«, sagt Joram.

»Aber du hast mir noch nicht gesagt, wer du bist.«

»Ach«, sagt der Jemand, »ich bin ein Hase.«

»Ein Hase?«, schreit Joram. »Du bist ein Hase?« Und er springt auf und will fliehen.

Doch plötzlich bleibt er stehen und betrachtet den kleinen Hasen.

»Du siehst nicht schlimm aus«, sagt Joram.

»Ich bin nicht schlimm«, sagt der Hase.

»Und du hast auch nicht so viele Zähne«, sagt Joram.

»Nur im Mund«, sagt der Hase und zeigt sie ihm.

»Vielleicht habe ich gar nicht so viel Angst vor dir«, sagt Joram.

»Aber versuch doch mal, mich ein bisschen zu erschrecken. Damit ich wirklich weiß, ob ich vor dir Angst habe oder schon nicht mehr.«

Der Hase schreit: »Susu Busu! Jam Pam Pusu!«
Wie er schreckliche Drachen anschreit, wenn er ihnen Angst machen will.
Aber Joram erschrickt fast gar nicht.
»Komm«, sagt Joram, »wir spielen mit Tannenzapfen.«

Sie spielen und sprechen miteinander. Der Hase bringt Joram seine Zauberwörter gegen Drachen bei und wie man mit den Ohren wackelt. Und Joram erklärt dem Hasen, was Knöpfe sind und warum sie am Hemd so schwer zugehen. Besonders morgens, wenn man eilig zum Kindergarten muss.

Als Mama und Papa Joram rufen, verabschiedet sich der Hase und geht. Er muss noch alle möglichen dringenden Sachen erledigen.

Und von da an fürchtet sich Joram nicht mehr vor Hasen.
Und jedes Mal, wenn er mit Papa und Mama im Wald spazieren geht, trifft er seinen Freund, den Hasen.
Und überhaupt – er schaut sich ohne Probleme jedes Buch an, in dem Hasen vorkommen. Wie zum Beispiel dieses Buch.

Joram, der Traumjäger

In der Nacht träumte Joram von dem blauen traurigen Teufel. Im Traum lief der blaue traurige Teufel ständig hinter Joram her und warf Schatten auf ihn.

Der Teufel hatte rote traurige Augen, und seine Hörner waren spitz und gebogen. Joram versuchte, vor ihm zu fliehen, aber der Teufel folgte ihm und warf Schatten auf ihn.

In seinem Traum lief Joram von zu Hause weg zum Strand und in die Sonne, aber der Teufel verfolgte ihn und warf Schatten auf ihn.

Am Strand waren viele Leute, aber der Teufel warf seinen Schatten nur auf Joram. Joram rief laut um Hilfe, aber die Leute hörten ihn nicht.

Joram stieß einen lauten, schrecklichen Schrei aus, und plötzlich merkte er, dass sein Papa neben ihm stand und ihn beruhigte.

»Ich habe wieder von diesem ekligen Teufel geträumt.« Joram weinte. »Warum kommt er jede Nacht im Traum zu mir?«, rief er. »Er soll weggehen. Abhauen! Schau mal, wegen ihm habe ich in den Schlafanzug gepinkelt.«

Sein Papa wechselte Joram die Hose und sprach dabei mit ihm und beruhigte ihn. Er erinnerte Joram an den Geheimbund, den sie vor langer Zeit gegründet hatten und der »Jopa« hieß, was Joram und Papa in einem Wort bedeutete. Papa versprach Joram, dass der Geheimbund morgen gemeinsam nachdenken würde, wie man den blauen traurigen Teufel besiegen könne. Dann blieb er noch eine Weile am Bett sitzen, bis Joram eingeschlafen war.

»Joram, mein Schatz, Teufel sind nicht wirklich«, sagte Papa am nächsten Tag, als er Joram in den Kindergarten fuhr.
»In meinem Traum ist der Teufel aber doch wirklich«, sagte Joram. »Schau dir meinen Traum an, dann kannst du es selber sehen.«
»Ich kann deinen Traum nicht träumen«, erklärte Papa.
»Jeder träumt seinen eigenen Traum.«
»Dann gehört der Teufel nur mir allein?«, fragte Joram ganz bekümmert.
»Vermutlich«, sagte Papa. »Aber ich kann dir von außen helfen. Hör zu: Heute Abend, wenn du schlafen gehst, bauen wir zusammen eine Traumfalle und schnappen deinen Teufel.«
»Eine Traumfalle? Was ist das? Wie geht das?«
»Wart's ab. Eine Traumfalle, die aussieht wie ein Zelt, mit einem Trick und einem Köder. Der Jopa-Geheimbund wird auch diesen Teufel besiegen.«
Am Abend baute Papa neben Jorams Bett ein kleines raffiniertes Zelt. Es bestand aus Bettlaken mit einem Besenstiel in der Mitte. Den Besenstiel band Papa mit einer Schnur an Jorams Bett und sagte: »Wenn im Traum der Teufel kommt, musst du an

der Schnur ziehen. Dann fällt der Besenstiel um, und das Laken fällt über den Teufel und hält ihn fest. Und dann kannst du mich rufen, und wir werden ihn ein für alle Mal vertreiben.«

Papa hängte noch kleine Schilder mit Pfeilen an das Zelt, die dem Teufel den Weg zu Joram (und damit natürlich in die Falle) zeigen sollten. Er gab Joram eine kleine Taschenlampe, um den Schattenteufel anzuleuchten, und versprach ihm, von Weitem aufzupassen, dass Joram nichts passierte. Dann flüsterte er ihm noch den Geheimcode ins Ohr (»Wer hat Kraft? Der trinkt Saft!«). Joram glaubte eigentlich nicht, dass der Teufel in die Falle tappen würde, aber es war ihm angenehmer zu denken, er täte es vielleicht doch.

Mitten in der Nacht betrat der blaue traurige Teufel das Lakenzelt neben Jorams Bett. Er ging durch das Zelt, auf seinem Weg in Jorams Traum. Aber Joram spürte, dass der Schatten näher kam, und zog mit aller Kraft an der Schnur.
Plötzlich gab es ein großes Gepolter: Der Besenstiel fiel um, die Laken sanken zu Boden und wickelten jemanden ein. Joram knipste die Taschenlampe an und betrachtete erschrocken die Laken, die sich hin und her bewegten.
Joram wollte nach seinem Papa schreien, er solle ihm helfen, aber dann sah er, dass der Jemand in den Laken ein sehr, sehr kleiner Jemand war. Viel kleiner als Joram. Sogar kleiner als ein Hase (vor dem sich Joram ja nicht mehr fürchtete).
Joram hob das Laken an und erschrak. Im Laken saß nämlich der blaue Schattenteufel. Er sah genau so aus wie in Jorams Träumen, aber er war winzig, so klein wie ein sehr kleines Kätzchen.

»Bitte, leuchte mich nicht an!«, flehte der Teufel. »Ich hasse grelles Licht!«

Aber Joram fürchtete sich vor ihm und knipste die Lampe nicht aus. Der Teufel wand und krümmte sich. Aus der Nähe sah er ziemlich mickrig aus.

Aber seine roten Augen erinnerten Joram an die Augen eines Mannes, der einmal auf der Straße fürchterlich herumgetobt hatte. Die gebogenen Hörner sahen aus wie die Hörner von Ungeheuern in Zeichentrickfilmen. Und bei seiner Stimme musste Joram an die quietschende Schuppentür denken.

»G-g-g-gleich rufe ich meinen Papa«, sagte Joram mit zitternder Stimme.

»Dein Papa kann mich nicht sehen«, sagte der Teufel. »Nur du kannst das. Ich gehöre nur dir. Und jetzt hör bitte auf, mich zu blenden, ich tu dir doch nichts.«

Joram drehte die Taschenlampe zur Seite, und der Teufel streckte sich und murmelte vor sich hin: »Was für eine Schande, in eine so dumme Falle zu tappen! Was für eine Schande!« Er sah traurig und sogar erschrocken aus.

»Wenn du nur mir gehörst, was passiert dann, wenn ich dich nicht mehr träume?«, fragte Joram.

»Dann gibt es mich nicht mehr«, sagte der Teufel traurig.

»Überhaupt nicht mehr? Nirgendwo?«

»Nirgendwo. Nur wenn du einverstanden bist, von mir zu träumen, kann es mich noch ein bisschen geben. Nur bis dein Traum vorbei ist.«

»Geh doch einfach in die Träume von jemand anderem«, sagte Joram böse.

»Das kann ich nicht. Ich gehöre nur dir. Einzig und allein dir. Zu Hause heiße ich sogar Maroi, das ist dein Name umgedreht.«

»Maroi«, sagte Joram leise, und noch einmal: »Maroi ... Das ist ein hübscher Name.«

»Danke.«

»Und deswegen verfolgst du mich im Traum überallhin?«

»Ich habe Angst, dass du mich vergisst«, flüsterte der Teufel.

Joram schwieg und dachte nach. Um ihn herum war es dunkel, und Joram hörte, dass die anderen schliefen. Aber er hatte keine Angst.

Er sagte: »Wenn du willst, dass ich dich träume, dann musst du im Traum immer weit weg von mir stehen und darfst keinen Schatten auf mich werfen.«

»Wo genau soll ich stehen?«, fragte der Teufel.

»Immer in der Ecke vom Traumbild. Denn wenn ich alles von dir zusammen sehe – die Augen, die Hörner und so –, kriege ich Angst. Aber wenn du mir jedes Mal nur ein bisschen zeigst – dann darfst du bleiben. Und vielleicht gewöhne ich mich ja langsam an dich.«

»Und dann schreist du auch nicht mehr und wachst nicht mehr jedes Mal auf?«, fragte der Teufel. »Und du erlaubst mir, noch ein bisschen zu bleiben?«

»Nur wenn du alles machst, wie ich es gesagt habe.«

»Und du träumst dann was Interessantes, zum Beispiel vom Zoo? Du hast mich noch nie im Traum in den Zoo mitgenommen! Und gehst du auch mit mir zur Feuerwehr und in den Supermarkt?«

»Nein«, sagte Joram. »Es sind meine Träume, und ich will etwas anderes träumen, zum Beispiel ... Luftsprünge.«

»Gut, gut.« Der Teufel seufzte. »Und jetzt hilf mir, mich aus dieser blöden Falle zu befreien.«

Joram half dem Teufel aus den Laken heraus. Der Teufel streckte sich und machte Turnübungen und kleine Sprünge, um zu zeigen, wie stark er war und dass es ihm nichts ausmachte, in die blöde Falle getappt zu sein.
Endlich sagte er: »Also dann, auf Wiedersehen.«
Er sprang in die Höhe und verschwand in der Luft, genau wie er gekommen war.

Joram machte die Taschenlampe aus, legte sich zurück und dachte nach. Er merkte noch nicht einmal, dass er einschlief. Die ganze Nacht träumte er von Luftsprüngen, und nur einmal fiel ihm dabei der Ball runter und rollte bis zur Feuerwehrstation ...

Am nächsten Morgen kam Papa, um Joram zu wecken, und staunte. »Schau mal, was mit der Falle passiert ist, die wir gebaut haben.«

Die Falle sah wirklich so aus, als wäre in der Nacht jemand hineingetappt. Joram erzählte Papa von seinem Traum, der vielleicht wirklich gewesen war.

Sein Papa untersuchte die Laken der Falle und fand ein paar blaue Flecken, wie von Tinte oder von einem sehr starken blauen Schatten. Papa und Joram schauten sich an, und Papa sagte: »Vielleicht sind sie ja von ihm.«

Und Joram dachte: Die Farbe geht von ihm ab, wie von einem Schmetterling, wenn man ihn anfasst.

»Alle Achtung«, sagte Papa. »Du hast ihn allein besiegt.«
»Und du hast mir mit dem Zelt geholfen«, lachte Joram.
Beide schoben ihre Köpfe ganz nah zusammen und flüsterten schnell: »Wer hat Kraft? Der trinkt Saft. Wer hat Kraft? Der trinkt Saft. Dschimbo!«

Joram und der schwarze Zauberhut

Am Abend, als Papa auf dem Fußboden saß und die unteren Schubladen des großen Schranks aufräumte, rollte aus einem Fach ein Hut. Ein schwarzer, großer Hut. Joram hob ihn auf. »Wem gehört der?«

»Ach, da ist er ja, mein alter Zauberhut«, sagte Papa. »Nimm dich vor ihm in Acht.«

»Ich soll mich vor ihm in Acht nehmen?«, fragte Joram. »Und was heißt das eigentlich, Zauberhut? Warst du mal Zauberer?«

Papa seufzte. »Als ich jung war.« Er versuchte, noch ein paar Hausschuhe in eine Schublade zu stopfen.

»Wer hat dir den Hut gegeben?«, fragte Joram.

»Mein lieber alter Vater hat ihn mir gegeben.«

»Opa Schmulik? Der ist überhaupt nicht alt.«

»Aber damals war er alt ... Hör mal, Joram: Ich rede einfach nur Blödsinn, weil ich es nicht schaffe, alles in die Schubladen hineinzubekommen, was ich vorher herausgeholt habe. Ich habe Mama versprochen, endlich aufzuräumen. Und jetzt stelle ich fest, dass man geschlossene Schubladen besser nicht aufmacht. Also nimm den Hut, verschwinde und lass mich arbeiten.«

»Aber was für Zauberstücke kann er?«

»Joram, ich werde langsam nervös.«

»Erklär's mir doch.«

»Meine Ohren sind schon rosa. Jetzt bekommen sie Flecken. Werden langsam rot ...«

»Erklär's mir und fertig.«

»Joram, echt, tu mir einen Gefal...!«

Plötzlich schwieg Papa, in seinen Augen blitzte etwas auf, und er sagte: »Wer diesen Hut aufsetzt, kann Geschöpfe verzaubern. Ja. In ganz andere Geschöpfe! Ho-ho, der schwarze, schwarze Zauberhut!«

»Stimmt gar nicht«, sagte Joram und fühlte, wie ihm ein kleiner Schauer über den Rücken lief.

Papa lächelte. »Bist du ganz sicher?«

Joram schwieg. In solchen Dingen konnte man nie ganz sicher sein. Vorsichtig berührte er mit dem Finger den Hut. Der war abgewetzt und haarig und verströmte einen seltsamen Geruch, den Geruch von geschlossenen Räumen.

»Ich bin bereit, ihn dir zu geben, unter einer Bedingung:

dass du jetzt gehst!«, sagte Papa. »Und vielleicht versuchst du, jemanden zu verzaubern. Aber im Zimmer nebenan.«

Joram lachte. »Du erfindest doch einfach Geschichten.«

»Ja, statt die Schubladen aufzuräumen«, sagte Mama, die ins Zimmer hereinschaute.

»Schau mal, ein Zauberhut, ein Zauberhut ...«, kreischte Joram und wollte sich schnell den Hut aufsetzen.

»Halt! Vorsicht!«, rief Papa und hielt sich die Augen zu. »Dieser Hut ist gefährlich! Wer ihn aufsetzt, kann eine Katze in eine Maus verwandeln, aber er kann die Maus nicht wieder in eine Katze zurückzaubern. Das ist ein Hut, der nie zurückverwandelt! Setz ihn nicht auf, mein Sohn!«

Aber Joram merkte, dass Papa für Mama Theater spielte, und setzte den Hut auf. Und obwohl der Zauberhut sehr groß war, passte er ihm genau, als könnte er sich nach Lust und Laune zusammenziehen oder ausdehnen. Joram hatte das Gefühl, es könnte vielleicht wirklich ein Zauberhut sein.

»Ich wünsche mir ...«, sagte Joram und streckte die Hand aus. Er überlegte, dass es bestimmt gut wäre, auch ein besonderes Zauberwort zu sagen – das Zauberwort, das Papa ihm einmal beigebracht hatte: »Ich wünsche mir –

schufla-gufla-ufla-zufla – dass Papa zu einem ...«

»Erbarmen!«, schrie Papa und rollte sich vor Jorams Füßen zusammen. »Joram, mein Schatz, denk dran, dass ich dir jeden Morgen das Frühstücksbrot schmiere, mit Schokolade! Hab Erbarmen mit mir!«

»Ich wünsche mir, dass mein Papa sich verwandelt in ... sagen wir mal, einen Affen.«

Im Zimmer wurde es still. Anfangs passierte überhaupt nichts. Aber dann begann Papa sich zu winden.

Seine Arme fingen an zu zittern und streckten sich zur Seite. Dann wurden sie ein bisschen länger. Sein Rücken bog sich. Und sein Gesicht veränderte sich. Das heißt, es wurde nicht wirklich zu einem Affengesicht, aber es war klar, dass Papa sich wie ein Affe fühlte. Dass er innerlich ein richtiger Affe war. Der Beweis: Er stieß kleine Schreie aus, genau wie ein Affe. Er kratzte sich an den Rippen, genau wie ein Affe. Er sprang mit den Schuhen aufs Bett, genau wie ein Affe.

Joram trat näher zu Mama. Noch nie hatte er Papa so gesehen. Mit Schuhen auf dem Bett.

»Ich wünsche mir ...«, sagte Joram schnell, »dass du wieder Papa wirst.«

Aber der wilde Affe auf dem Bett fuchtelte böse mit den Händen. Und Joram erinnerte sich erschrocken daran, dass der Hut nie jemanden in das zurückzaubern konnte, was er vorher gewesen war, nur immer in etwas anderes, etwas Neues.

»Joram, tu was!«, flüsterte Mama. »Er macht mir das ganze Bett kaputt.«

»Ich wü... wünsche mir«, sagte Joram zögernd, »dass dieser Affe etwas anderes wird, ein ... ein Wolf.«

Und als nichts passierte, fügte er schnell hinzu: »Schufla-gufla-ufla-zufla.«

Wieder wurde es still. Joram wusste nicht, warum er ausgerechnet auf einen Wolf gekommen war. Er hatte eigentlich

»Tiger« sagen wollen oder »Löwe«, doch dann war ihm »Wolf« herausgerutscht. Egal: Hauptsache, der Affe verschwand endlich.

Der Affe sank auf das Bett und blieb eine Weile ohne Bewegung liegen.

Doch dann begann er, sich zusammenzukrümmen.

Und herumzurollen.

Und aus seiner Kehle drang ein seltsames Brüllen, tief und heiser.

Er sprang auf und lief auf allen vieren durch das Zimmer, strich um Jorams Füße herum, schaute Joram mit glänzenden Augen an. Dabei leckte er sich die Lippen.

»Papa!«, schrie Joram. »Warum hast du so glänzende Augen?«

Der Wolf knurrte und betrachtete interessiert seine scharfen Klauen.

»Wie soll alles bloß weitergehen?«, fragte Mama seufzend.

»Wie sollen wir diesen Wolf zum Supermarkt schicken, zum Einkaufen? Wie bringen wir ihm bei, was eine Verkehrsampel bedeutet? Wie kann er als Wolf am nächsten Elternabend teilnehmen?«

Der Wolf hob den Kopf und stieß ein wölfisches Heulen aus. Ein Heulen voller Sehnsucht nach dunklen Wäldern. Und voller Verachtung für Elternabende.

»Du verstellst dich doch nur«, sagte Joram. Doch dann wich er einen Schritt zurück, denn der Wolf streckte eine lange, wölfische Pfote nach ihm aus.

»Vielleicht verwandelst du ihn wieder in Papa?«, schlug Mama vor.

»Das geht doch nicht«, erklärte Joram. »Mit diesem Hut kann man nicht zurückverwandeln. Nur in etwas anderes.«

»Das ist ein Problem«, sagte Mama und setzte sich auf den Bettrand. Sie betrachtete den Wolf, der sich die Klauen mit Jorams kleinem Spitzer schärfte.

»Vielleicht setzt du mal den Hut auf?«, bot Joram an und nahm sich den schwarzen Hut vom Kopf.
Doch der Wolf ließ ein lautes Knurren hören, fast ein Heulen oder sogar ein Brüllen, und dieses Brüllen klang wie:
»Hör zu, Joram, du hast mich in diese Lage gebracht und musst mir auch wieder heraushelfen. Bei meiner Schwanzspitze!«
Joram setzte den Zauberhut schnell wieder auf.
»Ich wünsche mir ...«, fing er an und zögerte. Vielleicht neckte ihn Papa ja bloß, aber vielleicht war das auch ein richtiger Zauberhut. Bei solchen Sachen konnte man nie ganz sicher sein. Mit einer etwas zittrigen Stimme sagte er: »Ich wünsche mir – schufla-gufla-ufla-zufla –, dass du in etwas anderes verwandelt wirst, in ... in ... in einen Hahn.«
»Kikerikiii!«, krähte der Wolf, und im nächsten Moment flatterte er auf den kleinen Stuhl. Dort stand er, reckte den Hals und krähte wieder: »Kikerikiii!«

Man konnte richtig sehen, wie ihm der Kamm vor hähnischer Wildheit anschwoll. Und man konnte merken, wie ihn seine Flügel in die Luft heben wollten. Und vor allem konnte man seinen kleinen, wü-ü-ütenden Augen ansehen, wie er die Nase voll hatte, jeden Moment ein anderes Tier zu sein.
»Was soll ich denn mit einem Hahn anfangen?«, klagte Mama. »Er legt keine Eier. Er gibt keine Milch. Er räumt keine Schubladen auf. Er wird uns nur jeden Morgen um fünf Uhr wecken. Und glaubst du etwa, er könnte in diesem Zustand zur Arbeit gehen? Dein Papa war ein wichtiger Angestellter in einer angesehenen Firma, bevor er sich verwandelt hat ... in diesen Vogel da.«
Mama schlug die Hände vors Gesicht. Aber man konnte nicht wissen, ob sie weinte oder lachte.
»Was soll ich denn tun?«, schrie Joram, der gar nicht gewusst hatte, dass in seinem Papa so viele Tiere versteckt gewesen waren.

»Kikerikiii!«, krähte der Hahn und flatterte mit den Armen,
die vermutlich seine Flügel waren.

»Hör schon auf!«, brüllte ihn Joram an. »Wenn du nicht aufhörst,
verwandle ich dich in ... in ... in einen Frosch.«

Papa war sofort still. Vielleicht versuchte er zu sprechen,
aber kein Wort kam heraus, nur erschrockene Gluckser,
wie von einem Küken.

»Gut, gut, nicht in einen Frosch«, sagte Joram mitleidig. Der Hahn
warf sich ihm zu Füßen.

Genau in diesem Moment hatte Joram eine Idee. Eine wunderbare Idee. Die Idee eines Zauberers.

»Vielleicht kann ich dich nicht mehr in meinen Papa zurückverwandeln«, sagte er zu dem Hahn. »Aber ich kann beschließen,
dich in meinen Papa zu verwandeln.«

Der Hahn hob den Kopf. Erst verstand er nicht, was Joram
meinte. Dann sah man, wie ihm die Freude wieder in den
Hahnenkamm stieg. Auch Mama betrachtete Joram erstaunt.

Joram schob den Hut zurecht.

Er schloss die Augen und
konzentrierte sich mit
aller Kraft. »Ich wünsche
mir ...«, sagte er leise.
»Ich wünsche mir, dass ...«
Er überlegte einen
Moment. Er dachte an
all die Tiere, die sein Vater
hätte werden können:

zum Beispiel ein Hirsch, ein Adler, eine kluge Eule, aber auch eine Maus. Oder ein Wurm. Und was war mit einem süßen Goldhamster? Joram wünschte sich schon so lange einen Goldhamster in einem Käfig, aber sein Vater erlaubte es einfach nicht, weil Goldhamster angeblich alles dreckig machten und stanken.

Wieso sollte sich Joram beherrschen und Papa nicht in einen Esel verwandeln? Oder in ein Einhorn?

»Kikeri...«, erinnerte ihn der Hahn mit leiser Stimme an sein Problem.

Joram seufzte. So viele hübsche Träume gab es auf der Welt. »Ich wünsche mir«, sagte er mit sicherer, klarer Stimme, »schufla-gufla-ufla-zufla, ich wünsche mir, dass du dich in meinen Vater zurück... nein, dass du dich in meinen Vater verwandelst.«

Es wurde sehr still im Zimmer. Mama bewegte sich nicht. Der Hahn bewegte sich nicht. Auch Joram wagte kaum zu atmen.

»Uff!«, seufzte Papa schließlich mit seiner normalen Stimme. Er blinzelte und dehnte sich, als würde er gerade aus einem Traum erwachen, und schaute sich erstaunt um. »Was ist los? Was tue ich hier auf dem Stuhl? Warum starrt ihr mich so an?«

Später, am Abend, als Papa kam, um ihn bis zum Kinn zuzudecken, nahm Joram seine Hand. »Sag die Wahrheit, Papa: War es ein Zauberhut oder nicht?«
Papa zuckte mit den Schultern. »Vielleicht ja. Vielleicht auch nein. Bei diesen Sachen kann man nie ganz sicher sein. Übrigens, Mama hat gesagt, du hättest mich in verschiedene Tiere verwandelt, aber sie wollte mir nicht sagen, in welche.«
Er streichelte Joram, aber für einen Moment schien es, als hätte seine Hand noch ein bisschen was Wölfisches ...
»Ich habe dich in meinen Papa verwandelt«, sagte Joram ernst. »Es ist nicht mehr wie vorher. Jetzt hast du es mir zu verdanken, dass du mein Papa bist.«
Papa lachte. »Weißt du, Joram, es ist eigentlich das zweite Mal, dass du mich zu deinem Papa gemacht hast.«
»Wieso?«, fragte Joram und setzte sich auf, denn einen Moment lang war es ihm im Dunkeln so vorgekommen, als ob Papa irgendwie äffisch dagestanden hätte.

»Bis du geboren warst, war ich einfach nur ein Mann. Aber als du auf die Welt gekommen bist, genau in dem Moment wurde ich zum ersten Mal zu deinem Papa.«

»Ich habe gewusst, dass du das sagen wirst«, sagte Joram. »Und hast du den Hut weggeworfen, wie du's versprochen hast?«

»Sofort«, sagte Papa. »In den Mülleimer. Und ich bin sicher, dass bis morgen seine Wirkung ganz und gar weg ist. Gute Nacht, mein Küken, gute Na-kikeri! Oh, Entschuldigung!«

Er deckte Joram zu, wie es sich gehörte, und dann blieb er noch eine Weile neben ihm sitzen, um ihm beizubringen, wie man mit einem Auge zwinkert.

Lillis Puppe

Heute kam Lilli wie jeden Morgen in den Kindergarten.
Sie sagte zu Jasmin, der Erzieherin, Guten Morgen und
ging zu ihrer Schublade, um ihre Puppe Tuti hineinzulegen.
Jedes Kind im Kindergarten hat eine eigene Schublade, an der
auf einem Schild sein Name steht. Dort kann jedes Kind seine
eigenen Sachen hineintun.
Lilli gab Tuti einen Kuss auf die Stirn, rückte die rote Perlenkette
um Tutis Hals zurecht und sagte: »Bis später, Tuti«.
Dann legte sie Tuti in die Schublade und ging spielen.
Was Lilli gespielt hat?
Sie hat Bilderlotto gespielt, ist mit dem Laufrad gefahren,
hat ein Tierpuzzle gemacht und Kekse gebacken. Sie hat gelacht,
gesungen und getanzt. Manchmal hat sie mit anderen Kindern
gespielt und manchmal allein.
Nach dem Mittagessen waren die Kinder müde. Sie gingen zu
ihren Schubladen, holten ihre Puppen und Kuscheltiere heraus,
nahmen sie mit zu ihren Matratzen und legten sich schlafen.
Auch Lilli war müde.
Lilli zog ihre Schublade auf und fand Tuti dort nicht.

Doch Amalia, das kleinste Mädchen im Kindergarten, machte seine Schublade auf, die von Amalia, und wen fand sie da?

Die Puppe Tuti!

Sehr sonderbar.

»Das ist meine Tuti«, sagte Lilli.

Amalia erschrak und schloss Tuti fest in die Arme.

»Ich möchte Tuti haben«, sagte Lilli und zog an Tuti.

Aber auch Amalia zog an Tuti.

Beide zogen an Tuti.

Da kam Jasmin und sagte:

»Was hast du denn, Lilli? Warum nimmst du Amalia die Puppe weg?«

»Das ist meine Tuti«, sagte Lilli.

»Aber sie war in meiner Schublade!«, sagte Amalia.

»Das ist meine Puppe Tuti«, sagte Lilli.

»Aber wenn sie in Amalias Schublade war«, sagte Jasmin, »gehört sie vielleicht doch Amalia?«

»Nein, sie gehört mir!«, sagte Lilli und hatte schon Tränen in den Augen.

»Lilli«, sagte Jasmin, «vielleicht bringst du da etwas durcheinander?«

Lilli schimpfte: »Das stimmt nicht! Das ist meine Puppe Tuti, von zu Hause!«

Lilli spürte, wie ihr die Tränen übers Gesicht liefen.

Sie wollte Tutis rote Kette zurechtrücken, damit sie Tuti beim Schlafen nicht pikste, aber Amalia umklammerte Tuti fest und wollte mit ihr auf ihrer Matratze schlafen.

Da kamen Guy und Sascha mit Tigersprüngen heran. Guy rief: »Wir wollen die Puppe in den Dschungel mitnehmen!«

Und Sascha rief: »Wir werden ihr zeigen, wie eine richtige Tigerpuppe lebt!«

Tutis Augen wurden traurig. Sie hatte Angst.

Sie wollte nicht, dass man sie in den Dschungel brachte, und sie wollte auch keine Tigerpuppe sein. Lilli sah Tutis Augen und rief plötzlich zu Jasmin: »Frag Amalia bitte noch einmal!«

Jasmin überlegte einen Augenblick und fragte dann: »Amalia, meine Liebe, wem gehört diese Puppe?«

Amalia sagte: »Das ist Puppe Tuti von Lilli.« Jasmin nahm Tuti und gab sie Lilli.

Und Jasmin sagte auch: »Entschuldige, Lilli, entschuldige, ich wusste nicht, dass das deine Puppe Tuti ist.«

Lilli sagte: »Die gehört mir, die hab ich von zu Hause mitgebracht.«

Jasmin sagte: »Amalia, hast du dir heute keinen Freund von zu Hause mitgebracht?«

42 Minutengeschichten aus dem Leben eines Dreijährigen

Durchgehend farbig illustriert von Pe Grigo. 96 Seiten. Gebunden. Ab 3 Jahren

Oskar ist drei und erlebt mit seiner Schwester Klara und Stofftiger Theo in einem Jahr so allerhand. Er erzählt von bunten Fuftalöngen und dass er Haarewaschen überhaupt nicht mag, dafür aber Puppentheater mit Papa. Von den Sommerferien bei Oma und Opa in den Bergen. Natürlich erzählt er auch, wie er mit Enno Räuber spielt, mit Mama und Klara Plätzchen backt, und von Herrn Schmitteckert von nebenan. Und Mittagsschlaf halten im Kindergarten, das macht Oskar übrigens nicht mehr. Das ist nämlich nur was für Babys. Und bald wird Oskar ja schon vier! 42 kleine Alltagsgeschichten, in denen sich alle Kindergartenkinder wiederfinden.

hanser-literaturverlage.de
HANSER

EINFACH ZAUBERHAFT!

Die Waldtiere brauchen dringend Hilfe: Laute, gefährliche Brummkisten knattern durch den Wald. Wie gut, dass es die kleine Schusselhexe gibt!

ALLE LIEFERBAREN TITEL,
INFORMATIONEN UND SPECIALS
FINDEN SIE ONLINE

Auch als eBook www.dtv.de dtv *Reihe Hanser*